公式 ガイド

日本貿易実務検定協会® 編

通関ビジネス実務検定™

要点整理 & 練習問題

はじめに

　2021年12月より「通関ビジネス実務検定™」という新しい検定が始まります。この検定は、名前の通り、通関に関するビジネス実務を内容とする検定試験です。

　通関に関する試験は、財務省が行う通関士国家試験があります。この試験は、通関業法に基づき年一回行われる権威ある国家試験です。

　今回から実施される通関ビジネス実務検定™は、日本貿易実務検定協会®が主に受験生の皆さんのスキルアップのために行う民間資格です。したがって、法律に基づく通関士国家試験や通関士国家資格とは、異なるものです。

　この通関ビジネス実務検定™は、貿易に携わる方、物流に携わる方、通関に携わる方あるいは、これらに将来携わろうと考えている方、通関士をめざしている方等のために通関に関する知識を学び、スキルアップに役立てていただこうという趣旨から創設したものです。また、さらには、通関、貿易、物流などの従業者の方々がこれらの知識を持つことにより、会社のコンプライアンス向上やリスクマネジメントの向上に役立つことも想定しています。

　通関は、貿易の世界では、地味な存在かもしれません。しかし、国際間の貿易を支える重要な仕事です。どんな貿易でも必ず通関は、発生します。通関実務を知らずに貿易を行うのは、リスクが大きすぎます。この検定では、通関に必要な関税法、関税定率法などの関税に関する法令の知識をも問う試験ですが、それだけではありません。物流に関する知識、内外の時事に関する知識、世界の国々に関する知識などの問題も広く出題されます。この中には、輸出統計品目表や実行関税率表からHSコードを分類する問題や輸入貨物の課税価格、輸入の際に課される関税などについての問題も含まれます。これらの部分は、通関士国家試験と重なりますが、通関ビジネス実務検定™は、基礎知識に限定して出題されます。これは、通関士試験を受けようとする方の基礎固めにも十分役立つものと思われます。

　このようにご紹介したように通関ビジネス実務検定™は、受験されようとする方のいろいろなニーズにお応えすることができるものです。

　ところで、本書は、通関ビジネス実務検定™の学習のお役に立つように要点整理と問題をまとめたもので、初心者の方にもわかりやすく、簡潔にまとめたものです。多くの方々がこれを利用し、通関ビジネス実務検定™に挑戦していただきたいと思います。

　そして、読者の皆様が無事検定試験に合格されることを心からお祈りいたします。

日本貿易実務検定協会®理事長　片山立志

公式ガイド　通関ビジネス実務検定™
要点整理＆練習問題

CONTENTS

はじめに……………………………………………………………………………… 3

第Ⅰ部　通関ビジネス実務検定™の概要と試験制度

1. 通関ビジネス実務検定™とは………………………………………………… 8
2. 通関ビジネス実務検定™と通関士試験との違い…………………………… 9
3. 通関ビジネス実務検定™と貿易実務検定®との違い……………………… 12
4. 通関ビジネス実務検定™資格の活かし方…………………………………… 16
5. 試験の内容……………………………………………………………………… 18
6. 試験の難易度…………………………………………………………………… 22
7. 受験手続について……………………………………………………………… 22

第Ⅱ部　通関ビジネス実務検定™に一発合格するには

1. 受験のための学習は、短期決戦で……………………………………………… 26
2. 学習スケジュールの立て方……………………………………………………… 27
3. 独学で学習する…………………………………………………………………… 28
4. 通信教育やセミナーを利用する………………………………………………… 29
5. 基本書について…………………………………………………………………… 29

第Ⅲ部　通関関連法務を突破する方法

1. 税関とは……………………………………………………………………………… 32
2. 輸出と積みもどし（関税法の定義）……………………………………………… 34
3. 輸出通関と輸出申告………………………………………………………………… 36
4. 輸入（関税法の定義）と輸入（納税）申告……………………………………… 38
5. 輸入通関……………………………………………………………………………… 40
6. 保税地域……………………………………………………………………………… 44
7. 保税運送……………………………………………………………………………… 47
8. 他法令と輸出入申告………………………………………………………………… 49
9. 外国為替及び外国貿易法と輸出（1）…………………………………………… 52
10. 外国為替及び外国貿易法と輸出（2）…………………………………………… 55
11. 外為法と輸入……………………………………………………………………… 58
12. NACCS（輸出入・港湾関連情報処理システム）による通関手続…………… 61
13. 輸出してはならない貨物と輸入してはならない貨物………………………… 63
14. 知的財産権侵害物品と輸入差止申立て、輸出差止申立て…………………… 66
15. AEO（Authorized Economic Operator）制度について……………………… 67
16. 関税のしくみ……………………………………………………………………… 71
17. 関税額の確定方式………………………………………………………………… 73
18. 納税義務者………………………………………………………………………… 76
19. 修正申告と更正の請求…………………………………………………………… 79
20. 附帯税……………………………………………………………………………… 81

第Ⅳ部　通関関連実務を突破する方法

1. 貿易取引の流れ（輸出）………………………………………………………… 86

  2. 貿易取引の流れ（輸入）---89
  3. 貿易取引の種類---92
  4. 信用状取引---95
  5. 2020年版インコタームズ--100
  6. インボイス---104
  7. HSコードと関税率---106
  8. 関税率表の解釈に関する通則-----------------------------------108
  9. 課税価格の決定方法---113
  10. 課税価格の決定の原則①---------------------------------------116
  11. 課税価格の決定の原則②---------------------------------------120
  12. 輸出統計品目表と分類---124
  13. 実行関税率表（輸入統計品目表）と分類-----------------------129
  14. 関税率の選択---133
  15. 関税・消費税・地方消費税の計算-----------------------------137
  16. 関税の減免税（1）---141
  17. 関税の減免税（2）---147
  18. 関税の戻し税---150
  19. 相殺関税と不当廉売関税-------------------------------------153
  20. 通関業法の知識---155

第Ⅴ部　国際物流の知識を突破する方法
  1. 流通の意義---160
  2. 物流の意義---163
  3. サプライチェーン・マネジメント（SCM）---------------------167
  4. 3PLと4PL---169
  5. 海上輸送---171
  6. コンテナ船---177
  7. コンテナ・ターミナル（LCLとFCL）--------------------------181
  8. 在来船---188
  9. コンテナー条約と国内法-------------------------------------192
  10. 船荷証券（B/L：Bill of Lading）----------------------------194
  11. 航空輸送---198
  12. 航空運送状（AWB）---205
  13. 国際複合輸送---208
  14. 世界の基幹航路と経済回廊-----------------------------------211
  15. 特恵関税制度---216
  16. EPA（経済連携協定）---219

第Ⅵ部　通関地理を突破する方法
  1. 北米・南米---226
  2. ヨーロッパ---232
  3. アジア---236
  4. アフリカ---243
  5. オセアニア---246

通関ビジネス実務検定™模擬試験問題--------------------------249
  模擬試験解答---270

通関ビジネス実務検定™ の概要と試験制度

　通関ビジネス実務検定™とは、日本貿易実務検定協会®の主催・運営する検定試験の1つです。日本貿易実務検定協会®では、貿易実務検定®やEPAビジネス実務検定®といった検定試験を運営しており、ほかにも国際ビジネスや貿易実務に関する様々な情報を発信しています。

　ここでは、日本貿易実務検定協会®により、2021年に新たに創設された通関ビジネス実務検定™について、その概要を説明するとともに、同協会が運営する他検定との違いや検定の意義についてお話しします。

❶通関ビジネス実務検定™とは

通関ビジネス実務検定™とは、通関業者、貿易会社、商社、ロジスティクス関連会社の従事者の方等を対象に、業務上必要な実務スキルを提供する目的で創設された日本で初めての検定で、長い歴史と実績を持つ**日本貿易実務検定協会**®が主催・運営するものです。

日頃、通関業務に携わっており、通関士試験を受けるほどではないものの、ある程度の実務知識を要求される従事者の方、通関士試験の突破を目指している受験生の方、海外との取引が活発な企業への就職・転職を目指す方等にとって、自己のスキルとして一定以上の通関知識を有していることを証明できる検定です。

学生の方や通関士受験生にとっては、この通関ビジネス実務検定™に合格することにより、通関に関する勉強を行ってきたこと、また、関連する業界を真剣に目指していることの証にもなるでしょう。通関士試験に直結する知識も検定にはたくさん含まれていますから、通関士試験合格へのファーストステップとしても大変有用です。通関士試験は年に一度しかチャンスがありません。万が一その機会を逃してしまうと、これまで通関実務に関してどれだけ学び努力を積み重ねたとしても、履歴書には何も書くことができません。しかし、「通関ビジネス実務検定™ 合格」と履歴書に書くことができたならば、次のステップとして通関士試験を目指しているという展望を、自信を持って述べることができ、非常に訴求力があります。学生の方や転職・求職者にとっては特にこの「勉強を積み重ねてきた証」という意味での恩恵が大きく、またご自身のスキルアップやキャリアアップにもきっとお役立ていただけるはずです。

次に、その試験制度についてご紹介します。通関ビジネス実務検定™の試験科目は大きく分けて2つです。第1科目が「通関関連法務及び通関関連実務」、第2科目が「通関関連知識、通関地理及び通関実務計算」です。詳しい科目内容については「❺試験の内容」にて触れていきます。所要時間は第１科目で60分、第２科目で50分、合計110分です。2科目の合計160点（80％）以上を基準として試験委員長の定める点が合格点となります。

検定はWeb受験方式で行われます。インターネット環境さえ整っていればどこでも受験可能なWeb受験方式を採用していますので、受験をお考えの皆さんに

とっても大変便利です。

②通関ビジネス実務検定™と通関士試験との違い

　通関士試験と通関ビジネス実務検定™の違いをお話しします。大きな違いとして、通関士試験は、**財務省・税関の行う権威ある国家試験です**。一方、通関ビジネス実務検定™は、**日本貿易実務検定協会®の主催・運営する民間試験です**。通関士の場合は、**通関業法**によって合格者に対し一定の法的地位が認められます。しかし、民間資格である通関ビジネス実務検定™は、法律により認められた検定ではありません。この検定は、合格者が一定のスキル及び知識を有していることの事実証明ということができます。

　ところで、**通関士**は、物品の輸出及び輸入に必要な書類作成や通関手続を行うスペシャリストです。**通関手続**とは、税関長に対し、輸出（輸入）に係る申告から輸出（輸入）許可を受けるまでの一連の手続をいいます。多くの貿易会社の場合、通関手続を**通関業者**に委託して行います。そして通関士は、通関業者の中で適正かつ迅速な通関手続を確保するために大変重要な役割を担っているのです。

　通関士は、年に一度行われる通関士試験に合格し、通関業者の通関関連部署に配属され財務大臣の確認を受けることにより「通関士」と名乗ることができます。通関士は名称独占資格ですが、他の税務の専門家である税理士、公認会計士とは異なり、独立して通関事務所を開設することはできません。これは、通関士の仕事はスケールが大きいということを意味します。例えば航空貨物の場合、毎日毎日海外から大量の貨物が届きます。これらの大量の貨物の通関手続を迅速に行うことは、個人開業ではとうてい困難です。

　税関、通関業者、通関士、従業者という業界内における協力体制が成立し、各々がチームワークを発揮することで、物流の円滑化に資することができます。

　そして、この通関ビジネス実務検定™は、従業者の方のスキル向上にお役立ていただけるでしょう。

通関士の仕事と税関の機能（輸入の場合）（図表1-1）

税関

保税地域

外国 → 輸入（納税）申告 → 審査・検査 → 納税 → 輸入許可 → 国内流通

NACCS

他法令による許可・承認

外国貨物　　内国貨物

輸入通関手続

通関業者に属する通関士

　次に通関士試験と通関ビジネス実務検定™試験の出題範囲を比較してみましょう。通関士は、すでにお話ししたように通関手続などを行う仕事を担っています。例えば輸入においては、輸入申告、納税申告などから輸入許可を受けるまでの一連の手続があります。これらの手続は、関税法、関税定率法、関税暫定措置法など関税に関する法律に基づいて行われます。したがって、通関士は、これらの法律、政令、省令、通達に精通していなければなりません。つまり、通関士試験は、関税法等、関税に関

する法律を中心に実践的な通関実務について問われる試験なのです。

　それに対し、通関ビジネス実務検定™では、通関士試験で出題される知識のほかにも、貿易実務や流通、ロジスティクス、さらに世界地理などについても広く出題されます。これは、通関ビジネス実務検定™では、実際の通関業務や現場において想定される必要な知識に一層フォーカスした試験を目指しているためです。一方、通関士試験と共通する、例えば関税法、関税定率法などの問題は、通関士の問題内容と比べるとより基礎的な問題が出題されます。

通関ビジネス実務検定™と通関士試験の出題範囲（図表1-2）

通関士試験　　　　　　通関ビジネス実務検定™

通関業法
通関実務
HSコード

税関の役割
関税法
他法令
関税率の計算
課税価格の計算
etc...

流通
ロジスティクス
貿易実務
TRIPS協定
通関地理
etc...

　通関士試験は、その合格率からもわかるように難関といえる部類の国家資格であり、その通関士試験を突破しようとするなら半端な覚悟ではいけません。ごくまれに、恋人や友達といっしょに講座等を受講し、「二人で助け合いながら乗り越えよう」というような方がいらっしゃいますが、これはあまりオススメできません。通関士試験をはじめとするいわゆる難関国家資格は、膨大な量のインプットと、それらに対する正確な理解、試験内容それぞれに沿った特殊な演習（訓練）が求められます。つまり、この期間内に合格しようと決意したならば、濃密かつ効率的な勉強時間を継続的に確保することが必要不可欠なのです。ですから、このような部類の試験に挑戦するにあたっては、自分と向き合う「孤独との闘い」の期間と割り切り、

その他すべてを犠牲にしてでも合格するという覚悟で臨むのがよいでしょう。そうして最後に試験を突破した暁には、きっと今までとはまったく違う新しい景色を見ることができるはずです。

　一方、通関ビジネス実務検定™は、通関に関する基礎的な法律知識から、実務に必要とされる通関関連業務知識まで含めた分野横断的な習得を目的とする民間試験です。自己のスキルアップや、周辺知識にまで興味関心を広げることで通関実務について学ぶ楽しみを知るためにご活用いただきたいという思いのもとに創設されました。こちらについては、業務や自己成長のために必要と思われる方ならば、たとえ通関士や貿易業界を目指していないとしても、業界や立場に関係なく、様々な方に受験していただきたい検定です。もちろん受験資格の規定等はありませんし、年2〜3回の受験機会もあり、孤独と闘いながらひたすら合格を目指すことのみにこだわらず、実務に役立つ見識を広めるつもりで、社会人の方も学生の方も、同業者やお知り合いをお誘いのうえ、チャレンジされるとよいでしょう。

❸ 通関ビジネス実務検定™と貿易実務検定®との違い

　日本貿易実務検定協会®の主催する試験の1つに貿易実務検定®という検定試験があります。この貿易実務検定®との違いについてお話ししましょう。

　貿易実務検定®は、日本貿易実務検定協会®が主催・運営している最も歴史の長い検定試験の1つで、第1回は1998年に実施されました。貿易実務に関わる総合的かつ実務に即した貿易関連知識を問う検定試験です。

　科目はC級では「貿易実務科目」、「貿易実務英語科目」の2科目です。貿易実務検定®において英語試験を課しているのは、貿易において使用される書類が通常、英語で作成されているからです。貿易実務上最低限必要な英単語、英文書類の読み方、頻出する英語表現の知識についてピックアップして出題されるので、C級合格でも十分、貿易実務の基礎についてひととおりのスキルを有しているという証明になります。また、通関士試験の「通関実務科目」においても実行関税率表のHSコードを読むうえで英語知識が多少必要ですから、貿易、つまり海外との売買を行ううえでは最低限の英語知識は必須ということです。

　さらに、B級及びA級では上記2科目に加え「マーケティング科目」も課されま

す。これは、日本と異なる環境の海外市場において、取引先を探す、信用の明らかでない海外企業と取引するといった場合は様々なリスクがあり、厳正な市場調査や信用調査を必要とするからです。純粋な貿易実務知識に加え、実務における英語能力、マーケティングについても学ぶことができますので、まさに総合的な貿易実務能力が身につく検定試験といえるでしょう。

また、同じく日本貿易実務検定協会®が主催・運営している検定試験の1つにEPAビジネス実務検定®という検定試験があります。これは、輸出入業務におけるEPA（経済連携協定）の有効活用に特化した検定です。主に原産地規則や原産地手続について学びます。

以下に、貿易実務検定®の具体的な試験内容についてご紹介します。また、現在はC級とB級で全国どこからでも受験できるWeb受験方式をとっています（A級は会場試験のみです）。

貿易実務検定®の出題範囲（図表1-3）

貿易実務検定®C級では、下表のような事項が問われます。

これらは、より実務に近く深い知識を問われる発展形のB級およびA級につながる基礎知識で、売買契約や信用状取引、外国為替、保険、海上輸送および航空輸送において必要とされる書類に関する基礎を押さえた内容となっています。

また、貿易実務英語科目では、貿易取引における必須英単語の語彙力や平易なビジネス文書の読解力が問われます。

■貿易実務検定®C級の内容

	キーワード
貿易実務	①貿易と環境
	②貿易経済知識
	③貿易の流れ
	④貿易金融
	⑤貿易書類

キーワード		
貿易実務	⑥貿易法務	
	⑦通関知識	
	⑧貿易保険	
	⑨外国為替	
	⑩マーケティング知識	

貿易実務英語
 英単語、英文和訳、英文ビジネス文書読解

　B級は、実務について問われる知識が深化し、細かい手続や法的根拠、書類の知識などが問われ、C級よりも難易度が増しています。

　特に、より詳しい法務の知識が問われるようになることがC級との大きな違いですが、これは貿易実務の中堅層として、ときにはある程度の判断業務をこなしつつ、正しい手続がとれるようになることを要求される方のための検定だからです。

■貿易実務検定®B級の内容

キーワード		
貿易実務	①貿易と環境	
	②WTO（GATT）	
	③インコタームズ	
	④信用状と信用状統一規則	
	⑤貨物海上保険	
	⑥貿易運送	
	⑦貿易保険	
	⑧PL保険	
	⑨契約書	
	⑩関税の知識	
	⑪クレーム	

キーワード
マーケティング 　マーケティング戦略概要、輸出マーケティング戦略、輸入 　マーケティング戦略、電子商取引
貿易実務英語 　英文解釈、英文和訳、主要用語、英文ビジネス文書

　A級は、貿易業界において判断業務を行うことのできる実力を問うものです。貿易業務の経験とその経験により培われる深い知識が必要となります。

　外国為替や国際税務・貿易関係法のより詳しい知識が要求され、マーケティング科目については、B級よりも難易度が増し、経済状況や国際取引の動向を把握できるレベルの知識が求められます。

■貿易実務検定®A級の内容

キーワード	
貿 易 実 務	①国際物品売買
	②国際物品運送
	③国際貨物海上保険
	④国際的な代金決済
	⑤製造物責任
	⑥国際取引紛争の解決
	⑦国際条約と国内の貿易関係法など
	⑧国際税務
貿易実務英語 　英文ビジネス文書、記述式、英文和訳、英文レター作成	

出題範囲の違い（図表1-4）

貿易実務検定®

通関ビジネス実務検定™

貿易取引条件
売買契約
保険
信用状取引
書類作成
貿易実務英語
マーケティング
etc...

他法令
ロジスティクス
TRIPS協定

流通
通関実務
原産地手続

税関の役割
関税法
関税率の計算
課税価格の計算
通関地理
etc...

個々のEPA
原産地規則
原産地手続

EPAビジネス実務検定®

❹通関ビジネス実務検定™資格の活かし方

　通関士試験に合格するということは、通関手続や関税、通関実務に関する一定以上の知識を有し、通関士として業務を行う能力がある、と国が認めたことになります。これは個々人のキャリアアップや就職・転職活動にとって非常に有意義でしょう。業界において一定の評価も得られます。しかし、それだけ注目を浴びている国家資格ということもあり、通関士試験の内容も難化傾向にあります。近年は一歩踏み込んだレベルの高い問題が少しずつ増えており、合格率も20％を切るので、相当努力しないと合格圏に達することはできません。

　通関ビジネス実務検定™は、通関士試験を受けるほどではないものの日頃の業務で通関業務を扱っているためある程度の知識を必要とするという方や、通関士試験を受験しようとしている方にとって、自己のスキルを証明できるものです。通関士試験に挑んで残念ながら不合格だった場合も、この通関ビジネス実務検定™に合格していれば、通関業務に関する一定の知識を修めている証左として自信を持って履歴書に記載することができます。通関士試験の学習をするうえでの第一ステップな

いし、通関業務に関する基礎知識の修了証明としても利用できるということです。

こうした視点から、通関ビジネス実務検定™では、より実務に近い形で試験を実施します。通関士試験には入っていないロジスティクスに関する知識や、貿易書類に関する知識、TRIPS協定、通関地理の基礎など、その内容は分野横断的なものとなっていますので、通関業務周りの幅広い知識を学ぶことのできる試験といえるでしょう。まさしく通関コンプライアンスを学ぶ検定で、実務家にも通関士受験生にも有益でかつ喜んでもらえる検定試験です。

また、キャリアアップの観点のみならず、実際の業務における必要性から見ても通関ビジネス実務検定™を学ぶメリットはたくさんあります。

通常、貿易実務を行っている部署は、通関については通関業者に委任していることが多く、通関の中身はいわばブラックボックスです。

しかし、リスクマネジメント上、業務の中にブラックボックスを残すことは極力避けるべきです。例えば、税関手続について知識を持って通関業者と交渉するべきですし、あるいは税関事後調査（いわゆる税務調査）の場合、法に基づいた処理ができていないことが判明すると、ペナルティを課せられるなど不利益を被ることがあります。

こうした事態に陥らないためにも、従業者が必要な知識を持ち、実力と自信を身につけることが大切であり、それによりミスがなくなれば効率的な業務の遂行が望めるようになります。そのためにも、この通関ビジネス実務検定™は、役立ちます。

通関ビジネス実務検定™の活用方法（図表1-5）

5 試験の内容

　通関ビジネス実務検定™では、前述のとおり、通関業務に関わる実務に即した知識を問われます。その内容は、通関法務から関税率や課税価格の計算、通関地理についてまで多岐にわたります。

　それでは、通関ビジネス実務検定™C級の試験科目をご紹介しましょう。試験は、「通関関連法務及び通関関連実務」と「通関関連知識、通関地理及び通関実務計算」の2科目です。

　第1科目「通関関連法務及び通関関連実務」では、通関士試験とも共通する、通関業法や関税法その他関連法令、外為法（外国為替及び外国貿易法）などについて出題されます。具体的には、AEO制度やNACCS、他法令による規制、輸出してはならない貨物並びに輸入してはならない貨物、輸出（輸入）申告などです。さらに、通関実務では欠かせない課税価格の決定、関税等の計算、HSコードによる品目分類等について問われます。これらは通関士試験でも毎年問われる重要な事項ですので、基礎を固めるつもりで、知識に抜けがないよう学んでいくことが大切です。

　第2科目「通関関連知識、通関地理及び通関実務計算」では、流通、物流（ロジスティクス）、地理といった分野の横断的な問題が出題されます。これらについて学ぶことは、通関士試験の勉強というよりも、日頃の業務や時事について理解を深めることにつながります。通関士試験や通関実務のために関税関係の法律をただひたすら頭に詰め込むのもよいですが、通関ビジネス実務検定™では、貿易実務や経済連携協定（EPA）、世界の国々とその経済状況、貨物が日本に届くまでのしくみや過程に関することまで、通関実務に関する周辺知識にまで視野を広げ、興味を持って楽しく学べることを目的としています。通関ビジネス実務検定™と通関士試験の試験科目の違いは、まさにこのコンセプトの違いにあります。

　それぞれの科目の区分については、以下の表中のキーワードと重要なポイントをご覧ください。

　なお、通関ビジネス実務検定™はWeb受験方式により試験が行われます。

通関ビジネス実務検定™C級の試験内容（図表1-6）

1. 通関関連法務及び通関関連実務

キーワード	重要なポイント
①税関とは	(1) 税関の組織
	(2) 税関の管轄地域
	(3) 税関の役割
②関税法の定義	(1) 輸出
	(2) 積みもどし
	(3) 輸入
	(4) みなし輸入とみなし輸入に該当しない場合
	(5) 内国貨物と外国貨物
③輸出入通関	(1) 輸出入通関の流れ
	(2) 輸出入申告先の税関
	(3) NACCSによる申告
	(4) 輸入許可前貨物の引取り承認
	(5) 輸出してはならない貨物と輸入してはならない貨物
	(6) 知的財産権侵害物品
④保税	(1) 保税地域の種類
	(2) 各保税地域の機能
	(3) 保税運送
⑤輸出申告	(1) 輸出申告の内容
	(2) 輸出申告の時期
	(3) 他法令と申告
⑥輸入（納税）申告	(1) 輸入（納税）申告の内容
	(2) 輸入（納税）申告の時期
	(3) 他法令と申告
⑦外為法	(1) 輸出貿易管理令の概略
	(2) 輸入貿易管理令の概略
⑧AEO制度について	(1) AEO制度
	(2) 特定輸出者と特定輸出申告
	(3) 特例輸入者と特例申告
⑨関税	(1) 関税の種類
	(2) 関税の確定方式
	(3) 納税義務者

⑨関税（続き）	(4) 修正申告と更正の請求
	(5) 税関長の更正・決定・賦課決定
	(6) HS コードと関税率
	(7) 関税率表の解釈に関する通則
⑩課税価格	(1) 課税価格の決定の方法
	(2) 課税価格の決定の原則
	(3) 課税価格の決定の原則を使った課税価格の計算
⑪輸出統計品目表	(1) 輸出統計品目表の見方
	(2) 輸出統計番号の選択
⑫実行関税率表	(1) 関税率表の解釈に関する通則
	(2) 品目番号の選択
	(3) 税率の選択
⑬税額の計算の しくみ	(1) 関税の計算（1 品目の輸入）
	(2) 消費税・地方消費税の計算
⑭関税・消費税 その他の知識	(1) 関税・消費税の軽減及び免除
	(2) 関税の戻し税
	(3) 相殺関税と不当廉売関税
⑮通関業法の知識	(1) 通関業法の目的
	(2) 通関業法と通関業者
	(3) 通関業者・通関士の義務

2. 通関関連知識、通関地理及び通関実務計算	
キーワード	重要なポイント
①流通の意義	(1) 流通の意義
	(2) 物流の意義
②輸送	(1) コンテナ船
	(2) コンテナ・ターミナル
	(3) CY と CFS
	(4) コンテナ条約と国内法
	(5) 在来船
	(6) 船荷証券
	(7) 航空輸送の概略
	(8) 国際複合輸送
	(9) 航空運送状

③ロジスティクス	(1) 3PLと4PL
	(2) サプライチェーン・マネジメント
④その他の知識	(1) EPA（経済連携協定）の概略
	(2) 特恵関税制度の概略
	(3) 関税暫定措置法8条の概略
	(4) 原産地証明
	(5) 品目の所属する類
⑤通関地理	(1) 日本の産業と貿易事情
	(2) 世界各国の産業などの概要
	(3) 外国の通貨単位
	(4) 主たる空港のコード
	(5) 時事
⑥計算実務	(1) 課税価格の計算
	(2) 輸入税（関税・消費税・地方消費税）
	(3) 輸出申告価格の計算

出題形式（図表1-7）

級	ベーシックC級（Web試験）	
科目	通関関連法務及び通関関連実務	通関関連知識、通関地理及び通関実務計算
	正誤（○×式） 選択式 語群選択式 三答択一式	正誤（○×式） 三答択一式 三答択一式 （通関実務計算式を含む）
配点	20題（30点） 20題（45点） 10題（30点） 15題（45点）	20題（20点） 10題（20点） 5題（10点）
	150点	50点
時間	60分	50分
レベル	これから通関ビジネス実務に携わる方、通関ビジネス実務に携わって間もない方等。	

計　200点　1時間50分

合格基準点

　2科目の合計160点（80%）以上を基準として試験委員長の定める点です。それぞれの科目ごとではなく、合計で80%ですので、対策が立てやすいでしょう。

6 試験の難易度

　通関ビジネス実務検定™は、ベーシック（C級）があり、今後、アドバンスト（B級）実施も予定しています。

　試験の難易度ですが、今回創設される**通関ビジネス実務検定™C級の難易度は、通関士試験よりも易しいといえるでしょう。**すでに2でも述べたように、関税法、関税定率法などの問題は、通関士試験で問われるものよりも基礎的な問題が出題されます。一方、通関士試験では、（通関士は通関関係の法律、政令、省令、通達に精通している必要があるため）関税法、関税定率法、外為法、通関業法、その他法令に加え、通関書類の作成及び通関手続の実務における、深いレベルでの理解が要求されます。よって、通関法務関連の出題内容に関しては通関士試験よりも易しいといえます。

　しかし**通関ビジネス実務検定™では、通関士試験においては問われない、より実務に近い問題が出題されます。代表的なものが流通、輸送、通関地理といった分野です。**これらのパートからは、通関士試験では問われないものの**実務上非常に重要な、いわば実践的知識が問われます。**難易度は、貿易実務検定®C級やEPAビジネス実務検定®C級で問われるレベルとなっています。また、皆さんが聞き慣れないであろう通関地理ですが、ここでは地理や経済の問題に加え、時事問題が出題されます。

　まさに、通関業界における実務に特化した試験内容です。

7 受験手続について

　通関ビジネス実務検定™は、申込みから受験まで、すべてWeb上で行われます。日本貿易実務検定協会®が運営する通関ビジネス実務検定™のホームページ（以下HP）から申込みが可能です。もしくは、日本貿易実務検定協会®の運営元の会社で

ある株式会社マウンハーフジャパンのHPから通関ビジネス実務検定™HPへアクセスすることもできます。

　申込みが完了したら、必ずHPの受験要項を確認しましょう。受験票（合否確認に必要）の発行案内や、試験本番前にデモテストの受験をお願いする案内のメールが受験者へ向けて配信されますが、その中に、スケジュールや合格発表日について詳しく記載してあります。少なくとも試験2日前までには、必ず試験当日の時間の流れについて確実に把握しておくようにしましょう。

　なお書面での申込受付は行っていませんので、ご注意ください。

　通関ビジネス実務検定™の講座、試験対策書籍、試験日程、及び日本貿易実務検定協会®の最新情報については、こちらのQRコードからご覧ください。

▲**通関ビジネス実務検定™**
公式ページ

　解答形式は、選択式および正しい数字を打ち込む形式の2種類です。「正しいものをすべて選べ」という指示の「正答全選択式」の問題もあり、この場合、正しい（誤っている）選択肢をすべて選択しないと得点になりません。設問一つひとつに関するきちんとした理解が求められます。

　Web受験方式は、全国どこにいても受験できるというのが最大のメリットです。さらに、申込手続や受験要項の確認、受験票発行等もすべてWeb上で完結するようになっています。

　Web試験本番では次のような画面で検定を受験します。

Web試験の様子（図表1-8）

問題2（20分）

※このテストは一度しか受けられません。※テスト終了直後に結果が保存されます。※出題順序と選択肢の並び順がシャッフルされます。

※テストの制限時間は20分00秒です。制限時間を過ぎるとテストが強制的に終了します。

問題2（20分）

【問題2／選択式】　各2.25点×20題　45点　20分

次の各記述について、A,Bのうち正しいものを選び、その記号を選択しなさい。

- A,Bを選択したら次へをクリックしてください。
- 解答が終わりましたら、解答内容確認ボタンをクリックしてください。解答提出ボタンで問題2は終了です。
- 時間制限が終了したら強制終了となります。
- 小問は修正が可能です。
- ブラウザのバックボタンでページを戻ると、解答内容がすべてクリアされます。バックボタンはくれぐれもお使いにならないでください。
- 解答の提出は1回のみ可能です。提出後は制限時間が余った場合でも、この問題に戻ることはできません。
- 解答が終了したら、次の問題に移っていただきます。早く解答が終わった場合には次の問題に移り受けていただくことができます。

❶

サブコン・オファーとは、（下記A,Bから選択）の最終的な確認があって初めて契約が成立するという条件をつけたオファーである。

◉ A.オファーされた側

◯ B.オファーした側

通関ビジネス実務検定™ に一発合格するには

　通関ビジネス実務検定™は、日本貿易実務検定協会®の主催・運営するまったく新しい検定試験です。その試験範囲は、同協会の主催・運営する貿易実務検定®やEPAビジネス実務検定®の内容に加え、通関士試験とも共通する内容、さらには地理や世界経済に至るまで、非常に多岐にわたります。そんな日本で初めての検定試験を、どう攻略していけばよいのでしょうか。

　この部では、通関ビジネス実務検定™の詳しい勉強法や学習スケジュールの立て方、学習の役に立つ参考書等について詳しく解説していきます。

❶受験のための学習は、短期決戦で

通関ビジネス実務検定™では幅広い知識が問われます。その内容が通関士試験と共通する関税関係法の知識から通関地理に至るまで多彩であることは、すでに述べたとおりです。

では、そんな広範な分野の学習を要する通関ビジネス実務検定™に合格するにはどうしたらよいのか。まずは始めるべきは、スケジュールを立てることです。合格に必要な勉強期間は各々の業務経験の有無や一日に確保できる勉強時間等によって様々ですが、集中的な学習が必要な期間の目安は1ヵ月から3ヵ月と考えてください。

次に、学習方法を決めます。独学は、費用を抑えることができ、自分のペースで勉強を進められるというメリットはあるものの、モチベーションを高く保ち続けることが難しいです。またこの通関ビジネス実務検定™は、学習分野が多岐にわたるうえに計算問題の演習も必要であるため、効率的な学習が不可欠です。日本貿易実務検定協会®によって講座が開講されますので、ご自身の立場と状況に合ったそれらの講座を活用していただくことをオススメします。

最後に演習です。検定試験本番が近付いたら、基礎固めは終え、応用の学習に移りましょう。計算問題および関税関係法の例外について重点的について学んでおくことが効果的です。

検定試験本番。この日までに、必ずWeb受験方式での解答方法に慣れておきます。日本貿易実務検定協会®より事前に配信される「デモテストのお知らせ」から、本番のテスト形式の練習を行うことができます。あとはそれまでに養ってきた実力を発揮するのみです。くれぐれも受験環境には万全を期すようにしておきましょう。

ところで、実務を経験すればすべてが理解できるという意見をよく耳にします。実務を経験すれば、本当に理解できるでしょうか。実は、そのようなことはありません。貴重な経験を積むことはできますが、残念ながらそれが「経験と勘」で終わることがあります。一歩進んだ深い理解は、知識の裏付けがあってこそです。実務に就いている方が、さらにその背景にある知識を学ぶことで、まさに鬼に金棒の武装ができます。

また、実務や周辺知識に関して、通関実務に携わっていない、あるいはこれから知っていこうという方でも、関税関係法に加え周辺知識まで広範に学ぶことにより、多くの場合、実務に就いたときの順応力が高くなります。

2 学習スケジュールの立て方

試験日からさかのぼって、いつから、週にどれくらい勉強するのか、といった学習計画を立てましょう。

申込受付期間は試験日の約2ヵ月前から始まり、この間に申込みを済ませていただくことは必須として、検定試験本番まで**3ヵ月間で勉強期間は十分か**というと、**答えはYES**です。

例として検定試験本番に12月と想定し、逆算して考えてみましょう。本番の直前期、3週間から1ヵ月ほどは、本番に向けた演習の期間として十分な対策が必要です。特に第1科目における輸出統計品目表や実行関税率表の見方、HSコードから答えを導き出す作業、それらの過程で考慮しなければならない課税価格の分野は、初学者にとって苦戦を強いられるところです。さらに、第2科目における通関地理に関する知識には時事問題も含まれるため、計算問題に慣れるとともに知識のアップデートも必須となってきます。

こういった応用問題の基礎を形作るのが10月から11月中旬までの約2ヵ月間です。この期間はテキストや本書をざっと眺め、いち早く最後までの流れを理解し、必要とされる知識がどんな分野のものであるのかを理解してください。

学生の方、社会人の方、自営業やフリーランスの方、フリーターの方など、各々の立場も考慮に入れて、必要ならばこの期間を延長または短縮することも必要となってくるでしょう。ご自身が日々確保できる勉強時間に加えて、通勤・通学等のスキマ時間なども有効に使えると考え、計画を練る必要があります。

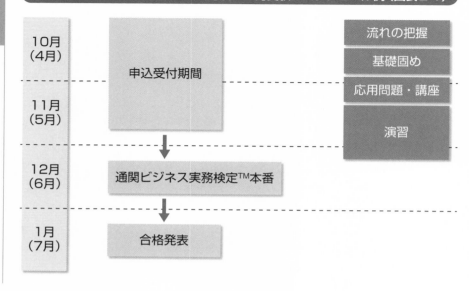

通関士ビジネス実務検定™ 12月及び6月受験のスケジュール例（図表2-1）

10月 （4月）	申込受付期間	流れの把握
		基礎固め
11月 （5月）		応用問題・講座
		演習
12月 （6月）	通関ビジネス実務検定™本番	
1月 （7月）	合格発表	

3 独学で学習する

　独学の場合、この広範にわたる試験範囲を3ヵ月でカバーすることは容易ではありません。体系立てて組まれたカリキュラムのある講座などを受けることをオススメします。ですが、中には時間や予算の都合の問題で難しいという方もいらっしゃるでしょう。

　独学には、書籍のみで学習するので費用を抑えられるというメリットがあります。また、勉強のペースも個々の立場や状況に合わせて自由に決めることができます。意志の強い方や試験勉強慣れしている方には向いているでしょう。

　そこで、独学であっても3ヵ月で通関ビジネス実務検定™合格を狙えるスケジュールの一例をご紹介します。

　まず2で述べた流れの理解をいち早く進め、基礎の学習を11月最終週までには終えます。そして11月最終週と12月の試験直前まではひたすら演習に励み、2週間で学習範囲の仕上げを終えましょう。まさに短期決戦学習プランです。計算問題を中心に演習を行い、スキマ時間も利用して通関関連法務・実務や流通・ロジス

ティクス、通関地理の反復練習を行います。テキスト掲載の模試や本書巻末の模擬問題の中から正答できなかったものを重点的に復習するとよいでしょう。

4 通信教育やセミナーを利用する

ところで、全体構造をマスターしようといっても、一人きりの学習ではかなりの時間を要します。いわゆる頻出箇所や受験のコツといった情報を得ることが難しいからです。

そこで、受験のための講座を受講します。検定内容についてある程度知り尽くした講師の講義を受けます。細かく、さらに何が重要なのかをメリハリをつけて教えてくれますから、講師の言うところに絞って重点的に理解すればよいのです。さらに、自分が問題で間違えやすいところは自分で補完するという、学習スタイルというものを確立できます。この方法をとれば、かなり効率的に学習が進むようになるでしょう。

しかし中には、時間が合わない、地方に住んでいて通えないというような事情のある方もいらっしゃるでしょう。そんな方には、通信講座やWeb講義がオススメです。日本貿易実務検定協会®にはWeb講座が用意されています。オススメは直前対策の一日集中講座です。試験の要点のみをまとめた大ボリュームの講義動画を、検定試験前日まで視聴することができます。また、この期間中は何回でも講義を視聴することができ、パソコンだけでなくスマホやタブレットでも視聴できますので、スキマ時間の学習ツールとしても非常に有用です。インターネット環境さえあればいつでもどこでも好きなタイミングに学べる、というのがオンデマンド型の一番のメリットです。

5 基本書について

通関ビジネス実務検定™の学習において皆さんのお役に立つテキストをご紹介します。

入門書としてわかりやすい参考書には、例えば、次のようなものがあります。
① 『最新貿易実務ベーシックマニュアル 改訂4版』日本貿易実務検定協会®編

②『EPAビジネス実務検定®受験の指針 ベーシック版 第2版』日本貿易実務検定協会®編

③『2021年度 通関士試験合格ハンドブック』（日本能率協会マネジメントセンター）片山立志著

④『メガEPA時代の貿易と関税の基礎知識』（税務経理協会）片山立志著

⑤『改訂2版「通関士」合格の基礎知識』（日本能率協会マネジメントセンター）片山立志著

第 Ⅲ 部

通関関連法務を
突破する方法

　この部では、第1科目である「通関関連法務及び
通関関連実務」のうち「通関関連法務」の内容につ
いて、その要点をお話しします。

　ここに出てくる規定は、関税に関する基本法で
ある関税法の内容です。通関ビジネス実務検定™
C級試験では、関税法の構造を学び基礎知識を養
います。また、通関士受験生の方は、全体構造を把
握するうえで有益です。

❶税関とは

　貿易における水際取締りを行う重要な役所が税関です。日常生活の中では、あまり目立つ存在ではありません。我々が海外旅行から帰国したとき、荷物を検査された経験のある方もいらっしゃるでしょう。麻薬や大麻、LSDなど有害な貨物が持ち込まれていないか、知的財産権の侵害物品を持ち込んでいないかなどを検査し水際取締りをしているのです。税関は、水際取締りをしている役所ですが、実は、このほかにも国益を守るために重要な仕事を担っています。

　税関には、「税」に関する仕事と「関」に関する仕事があり、「税」に関する仕事には関税等の輸入税の徴収、「関」に関する仕事には今ご紹介した水際の取締り、通関手続があります。

税関の役割（図表3-1）

関税・消費税・地方消費税等いわゆる輸入税の適正かつ公平な徴収を行う業務

輸出入手続、水際取締りを通して貿易の円滑化を図り、又、麻薬、銃器、テロ関連物品、知的財産権侵害物品等の水際取締りにより、安全、安心な社会の実現を目ざす業務

■税関の組織

　税関は、財務省の地方支分部局として、全国に8税関（函館、東京、横浜、名古屋、大阪、神戸、門司、長崎）及び1地区税関（沖縄）を置き、9つの区域に分けて管轄しています。各税関の本部（本関）には、内部組織として総務部、監視部、業務部、調査部が設けられています。また、下部組織として各地に支署、出張所、監視署が設けられています。

8つの税関及び1地区税関の管轄地域（図表3-2）

税関名	管轄区域
①函館税関	北海道　青森県　岩手県　秋田県
②東京税関	山形県　群馬県　埼玉県　千葉県のうち市川市（財務大臣が定める地域に限る）、成田市、香取郡多古町及び山武郡芝山町　東京都　新潟県　山梨県
③横浜税関	宮城県　福島県　茨城県　栃木県　千葉県（東京税関の管轄に属する地域を除く）　神奈川県
④名古屋税関	長野県　岐阜県　静岡県　愛知県　三重県
⑤大阪税関	富山県　石川県　福井県　滋賀県　京都府　大阪府　奈良県　和歌山県
⑥神戸税関	兵庫県　鳥取県　島根県　岡山県　広島県　徳島県　香川県　愛媛県　高知県
⑦門司税関	山口県　福岡県（長崎税関の管轄に属する地域を除く）　佐賀県のうち唐津市、伊万里市、東松浦郡及び西松浦郡　長崎県のうち対馬市及び壱岐市　大分県　宮崎県
⑧長崎税関	福岡県のうち大牟田市、久留米市、柳川市、八女市、筑後市、大川市、小郡市、うきは市、みやま市、三井郡、三潴郡及び八女郡　佐賀県（門司税関の管轄に属する地域を除く）　長崎県（門司税関の管轄に属する地域を除く）　熊本県　鹿児島県
⑨沖縄地区税関	沖縄県

注意！

　千葉県は、基本的に横浜税関の管轄ですが、成田国際空港は、東京税関が管轄しています。

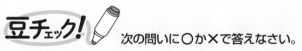 次の問いに〇か×で答えなさい。

❶税関は全国に9つあるが、そのうち、福岡県を管轄するのは門司税関である。

❷税関では、ワインの輸入に関し関税、消費税、地方消費税の徴収を行うが、酒税に関しては税務署が徴収する。

Answer

2 輸出と積みもどし（関税法の定義）

　関税法上の輸出に該当する場合は、輸出申告を行い税関長の輸出許可を受ける必要があります。

　関税法上の**輸出**とは、「**内国貨物を外国に送り出す行為**」のことです。では、内国貨物とは何なのでしょう。関税法では、国内にある貨物で外国貨物でないものと言っています。さらに、**公海上**（本邦又は外国の排他的経済水域の海域を含む）で**本邦**（日本のこと）の船舶により採捕された**水産物**と定義しています。これらは、外国貨物と対比してみるとわかりやすいので、詳しくはそちらで説明しましょう。

　もう1つ、「積みもどし」というものが関税法に定義されています。

　あまりなじみがない言葉ですが、これは「**外国貨物を外国に向けて送り出す行為**」と定義されています。この「積みもどし」に該当する行為を行う場合、積みもどし申告をして積みもどし許可を受ける必要があります。

　輸出と積みもどしは、いずれも外国に向けて送り出す点では共通ですが、送り出すものが**外国貨物**か**内国貨物**かが異なるというわけです。

輸出と積みもどし（図表3-3）

日本　————————→　外国

| 内国貨物 | → | 輸出 |
| 外国貨物 | → | 積みもどし |

■外国貨物

外国貨物とは、次の貨物で、かつ**輸入許可前**のものをいいます。

①**外国から到着した貨物**

外国から日本に到着した貨物は、**外国貨物**です。その後、税関長の**輸入許可**を受けると関税法上の**内国貨物**になります。

②**公海上（外国及び本邦の排他的経済水域の海域を含む）で外国の船舶によって採捕された水産物**

「**公海上**（外国及び本邦の排他的経済水域の海域を含む）で**外国の船舶**によって**採捕された水産物**」とは、例えば、日本の排他的経済水域の海域で中国の船舶より採捕された水産物のことであり、これは**外国貨物**ということになります。一方、日本の船舶により同水域で採捕された水産物は、**内国貨物**ということになります。

③**輸出許可貨物**

税関長の**輸出許可**を受けると、当該貨物は関税法上の**外国貨物**になります。

 次の問いに〇か×で答えなさい。

❶外国から到着した貨物を、輸入許可を受けないで外国に向けて送り出す行為は、関税法上、輸出に該当する。

❷外国の排他的経済水域の海域で本邦の船舶が採捕した水産物をそのまま外国に向けて送り出す行為は、関税法上、輸出に該当する。

Answer

❶ ✕　外国から到着した貨物で**輸入が許可される前**のものは、**外国貨物**です。そして、**輸入許可**を受ければ**内国貨物**になります。しかし、設問では輸入許可を受けていませんから外国貨物のままです。これを外国に向けて送り出す行為は、積みもどしです。

❷ 〇　外国の排他的経済水域の海域で本邦の船舶が採捕した水産物は、**内国貨物**です。**内国貨物**を外国に向けて送り出す行為は、**輸出**に該当します。

外国貨物と内国貨物（図表3-4）	
外国貨物	内国貨物
①外国から到着した貨物で輸入が許可される前のもの ②公海上（外国及び本邦の排他的経済水域の海域を含む）で外国の船舶によって採捕された水産物 ③輸出許可貨物	①本邦にある貨物で外国貨物でないもの ②公海上（外国及び本邦の排他的経済水域の海域を含む）で本邦の船舶によって採捕された水産物

3 輸出通関と輸出申告

　輸出に該当する場合は、税関長に**輸出申告**を、また積みもどしに該当するときには、**積みもどし申告**を行う必要があります。積みもどし申告の方法は、輸出申告と**共通**です。

■輸出通関の原則的な流れ

　原則的な輸出通関の流れは、次のとおりです。

・・・

①税関長に**輸出申告**を行います。

　輸出申告は、原則として輸出しようとする貨物を搬入する保税地域等を所轄する税関長に対して行います。また、ほとんどの場合、輸出申告はNACCS（**輸出入・港湾関連情報処理システム**）を使用して行われています。

　※輸出申告は、後述する保税地域に搬入する前にも行うことができます。

②輸出申告を保税地域等に搬入しないで行った場合は、その後、**保税地域**等に搬入します。

③保税地域等では、税関職員の「**審査・検査**」を経て税関長の**輸出許可**を受けます。

④外国に向けて**貨物を送り出し**ます。

・・・

■輸出申告

　次の事項を申告します。積みもどしの場合も同様です。

①貨物の記号、番号、品名、**数量**及び**価格**
②貨物の仕向地、仕向人の住所又は居所、仕向人の氏名又は名称
③貨物を積み込もうとする船舶又は航空機の名称又は登録記号
④輸出の許可を受けるために貨物を入れる**保税地域等の名称**及び**所在地**
⑤その他参考となるべき事項

　ここで押さえておきたいポイントは、**貨物の数量**と**価格**です。どのような数量、価格を申告すればよいのでしょうか。

■貨物の数量

　申告する数量は、**財務大臣が貨物の種類**ごとに定める**単位**による当該貨物の正味の数量（N/W）です。したがって、実際の輸出取引で使用された単位（インボイスに記載されている単位）とは関係なしに、財務大臣の指定した単位で申告しなければなりません。

■貨物の価格

　その貨物の、本邦の輸出港における**本船甲板渡し価格**（**FOB価格**）により申告を行います。つまり、輸出貨物の価格に、輸出港（仕出港）に停泊中の外国貿易船である積載船に貨物を積み込むまでの費用をプラスした価格を、輸出申告価格として申告します。
　航空機により輸出される貨物の場合も、これに準ずる条件として輸出申告価格を求めます。
　また、**無償で輸出される貨物**については、当該**貨物が有償で輸出されるもの**とした場合の価格（**FOB価格**）を申告します。

■輸出統計品目番号

　次に、輸出貨物の輸出統計品目番号を申告します。この**輸出統計品目番号**（品目コード、HSコード）は、輸出統計品目表で確かめます。この輸出統計品目番号については、第Ⅳ部で学びます。

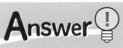 次の問いに〇か×で答えなさい。

❶税関長への輸出申告は、保税地域等に搬入したあとでなければ行うことができない。

❷輸出申告において申告する数量は、財務大臣が貨物の種類ごとに定める単位による当該貨物の正味の数量による。

Answer

❶ ✕　税関長への輸出申告は、保税地域等に搬入する前でも行うことができます。その後、審査・検査のために保税地域等に搬入します。

❷ 〇　輸出申告において申告する数量は、**財務大臣が貨物の種類ごとに定める単位**による当該貨物の**正味の数量**によります。

4 輸入（関税法の定義）と輸入（納税）申告

　関税法では、輸入とは、**外国貨物**を本邦に引き取ることとしています。

　例えば、外国から到着した貨物を本邦に引き取る行為は、**輸入**に該当します。これは、わかりやすいですね。では、日本の排他的経済水域の海域で外国の船舶が採捕した水産物を本邦に引き取る場合はどうでしょう。日本の排他的経済水域の海域で外国の船舶が採捕した水産物は、**外国貨物**です。これを日本に引き取る行為は、**輸入**に該当します。

　これらのように輸入に該当する場合は、輸入申告を行わなければなりません。また輸入の場合は、**関税、消費税、地方消費税**などの納税申告も必要でした。通常の場合は、輸入申告と納税申告を同時に行う必要があります。ですので、**輸入（納税）申告**と表現します。

■輸入申告の記載事項

　輸入申告書には、次の事項を記載します。

①貨物の記号、番号、品名、**数量及び価格**

②貨物の原産地及び積出地並びに仕出人の住所又は居所及び氏名又は名称

③貨物を積んでいた船舶又は航空機の名称又は登録記号

④貨物の蔵置場所

⑤その他参考となるべき事項

　この中で数量、価格に注意してください。申告する数量は、輸出申告の場合と同様に**財務大臣**が**貨物の種類**ごとに定める**単位**による当該貨物の**正味の数量**によります。ところで、正味の数量ですから貨物の包装、梱包などの風袋の重さは、含みません。正味の重さを表す略語は**N/W（ネット・ウエイト）**で、風袋を含む重さを**G/W（グロス・ウエイト）**といいます。インボイス上に両方の数量が記されている場合は、注意することが必要です。

　次に価格です。この価格は、**課税価格**となる価格を計算します。この課税価格については第Ⅳ部でお話ししますが、簡単にいうと、貨物の価格に輸入港（仕向港）到着までの運賃や貨物海上保険等の運送関連費用を加算した額です。この価格のことを、インコタームズでは**CIF（運賃保険料込み）**価格といいます。

■実行関税率と品目コード

　さらに、輸入貨物の**品目コード**（HSコード、輸入統計品目番号）を特定し、**税率**を特定して、納付すべき関税額、消費税額、地方消費税額等を申告する必要があります。関税額は、原則として**納税義務者**である**輸入者**の納税申告により確定します。

輸入申告と納税申告（図表3-5）

	輸入申告	納税申告
趣旨	輸入される貨物（モノ）についての申告（貨物の引取り申告である）	輸入貨物に課税される関税、消費税、地方消費税等を（輸入者自らが計算して）申告
申告の仕方	原則として輸入申告と納税申告は、同時に行う必要がある。	

次の問いに〇か×で答えなさい。

❶外国の領海で日本の船舶により採捕された水産物を本邦に引き取る場合には、税関長に輸入（納税）申告を行う必要がある。

❷輸入申告にあたって財務大臣の定める単位がKG（キログラム）の貨物の場合で、インボイスにN/W102KG、G/W106KGと記載されている場合、申告する重さは、106KGである。

Answer

❶ 〇 　外国の領海で日本の船舶により採捕された水産物は、**外国貨物**であるので、それを引き取る行為は**輸入**に該当するため、輸入（納税）申告は必要です。

❷ × 　申告に使用する重さは、**正味数量（N/W）**の102KGです。

5 輸入通関

■輸入通関の原則的な流れ

輸入通関の原則的な一連の流れを見てみましょう。

. . . .

①輸入貨物を**保税地域等**に搬入

②**輸入（納税）申告**

③税関の**審査・検査**

④関税などの輸入税の**納付**

⑤**輸入許可**

. . . .

輸出申告は保税地域に搬入する前に行うことができましたが、輸入（納税）申告の場合は、**保税地域に搬入してからでないと**行うことができません。申告後は、書類の審査や輸入する**貨物の検査**などが行われます。

そして、申告した**税額を納付**します。原則としてこの納付がないと、輸入許可は受けることができません。

この一連の手続のほとんどは、輸出通関の場合と同様に**NACCS（輸出入・港湾関連情報処理システム）**を使用して行われています。

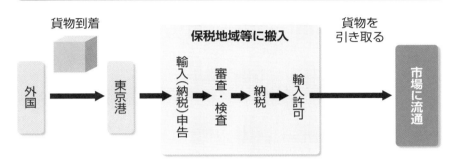

輸入（納税）申告の原則的な流れ（図表3-6）

貨物到着　　　　　　　　　　　　　**保税地域等に搬入**　　　貨物を引き取る

外国 → 東京港 → 輸入（納税）申告 → 審査・検査 → 納税 → 輸入許可 → 市場に流通

■保税地域等に入れないで申告することができる場合

輸入（納税）申告は、輸入しようとする貨物を保税地域等に搬入してから行う必要がありますが、例外があります。保税地域に入れないで輸入（納税）申告ができるという例外です。

例外を適用するためには、あらかじめ税関長の承認を受けておく必要があります。これには、**本船扱い（艀中扱い）、搬入前申告扱い、到着即時輸入許可扱い**があります。

A. 本船扱い（艀中扱い）

この扱いは、**外国から到着した外国貿易船に貨物を載せたまま、輸入（納税）申告から輸入許可までの一連の通関手続を行う扱い**のことです。（艀中扱いは、外国貿易船から艀に外国貨物を積み替えた状態で一連の輸入通関手続を行う扱いですが、現在はほとんど行われていませんので、検定試験C級の対象にはなりません）

輸出の場合も輸入の場合も、申告は**外国貿易船の係留場所**を所轄する**税関長**に対して行います。

B. 搬入前申告扱い

　保税地域に外国貨物を搬入する前に、輸入（納税）申告のみを行うことができる扱いです。申告を行ったあとは、税関の審査・検査のために保税地域等に搬入する必要があります。

C. 到着即時輸入許可扱い

　貨物が外国から到着したと同時に輸入許可が受けられるという便利な扱いです。この扱いを受けるには、貨物の到着前に税関で書類の審査を受けておく必要があります。この審査のことを**予備審査**といいます。この予備審査を利用した貨物のうち、検査が行われない貨物については、貨物の到着が確認でき次第、直ちに輸入許可を受けることができます。また、この扱いによる場合は、必ずNACCS（輸出入・港湾関連情報処理システム）を利用して行わなければなりません。

■輸入許可前貨物の引取り承認制度

　通常は、輸入許可後に貨物を保税地域から搬出し、市場に流通させることになりますが、**輸入許可前に貨物を保税地域等から引き取り、市場に流通させることができる制度**があります。

　例えば、輸入（納税）申告を行ったところ輸入貨物が新規の貨物であった等の理由から、審査に時間がかかり輸入許可まで日数を要するという場合です。このような場合、輸入許可前貨物の引取り承認（BP承認）を利用して、早期に貨物を引き取ることができます。

　この制度を利用できる貨物は、**申告納税方式**が適用される貨物です。ただし、特例申告による場合は利用できません。

　ところで、輸入許可前貨物の引取り承認を受けた貨物は、関税法上の一部の規定を除き**内国貨物**として扱われます。

　この承認申請は、輸入（納税）申告後に行うことができます。また、申請にあたり、当該貨物の**関税額に相当する担保**の提供が必要になります。

輸入許可前貨物の引取り承認と貨物の流れ（図表3-7）

保税地域等へ搬入 → 輸入（納税）申告 → 関税額相当額分の担保を提供 ＋ 輸入許可前貨物の引取り承認申請 → 輸入許可前貨物の引取り承認 → 保税地域から引き取る → **市場に流通**

　引き取られた貨物に係る関税などについては、貨物は市場に流通したものの、まだ完全には確定していません。関税額などの最終確定は税関長が行い、輸入者は関税等を納付します。そして、最終的に輸入許可がされることになります。

 次の問いに○か×で答えなさい。

❶輸入（納税）申告は、原則として輸入しようとする貨物を保税地域に搬入したあとに行うことが必要である。

❷輸入許可前貨物の引取り承認を受けるためには、当該貨物の課税価格に相当する額の担保を提供する必要がある。

Answer

❶ ○　原則として輸入（納税）申告は、輸入しようとする貨物を**保税地域に搬入したあと**に行うことが必要です。なお、本船扱いなど保税地域等に入れないで申告する必要がある場合は、あらかじめ**税関長の承認**を受けておく必要があります。

❷ ×　輸入許可前貨物の引取り承認を受けるためには、当該貨物の課税価格に相当する額ではなく、当該貨物の**関税額に相当する額の担保**を提供する必要があります。

⑥ 保税地域

保税というのは、輸入許可がされる前の、関税の徴収が留保されている状態を指しています。つまり、「外国貨物である状態」だとイメージするとわかりやすいでしょう。

関税法では、保税という名称を使用し規制しているものには、**保税地域**と**保税運送**があります。まず、ここでは保税地域についてお話しします。

保税地域とは、**外国貨物のままの状態で蔵置や加工、製造、展示などの何らかの扱いができる地域**ということができるでしょう。

保税運送とは、**外国貨物のままの状態で国内を運送する**ことといえます。

■ 保税地域と他所蔵置場所

保税地域は、次の5つの種類のものが定められています。

・・

① 指定保税地域

② 保税蔵置場

③ 保税工場

④ 保税展示場

⑤ 総合保税地域

・・

これらの機能については、図表3-8を参照してください。

ところで、本邦の中では、外国貨物は、一部のものを除いてこの保税地域の中にのみ置くことができ、他の場所に置くことはできません。ただ、巨大な貨物であるため保税地域に置くことが困難だったり、あるいは、搬入することにより他の貨物に影響を及ぼすといった外国貨物については、税関長の許可により保税地域でない場所（＝他所）に置くことができます。このような貨物を**他所蔵置許可貨物**といい、指定された場所を**他所蔵置場所**と呼んでいます。この保税地域と他所蔵置場所を合わせて「**保税地域等**」と呼んでいます。

■保税地域の設置

　保税地域は、指定保税地域を除いて**税関長の許可**により設置されます。例えば、民間会社であるコンテナ・ターミナル会社が保税蔵置場の許可申請を税関長に行い、許可を受けることにより、保税蔵置場として機能することになります。指定保税地域は、国や地方公共団体などが所有し、あるいは管理する土地や倉庫、岸壁などで、**財務大臣が指定**し設置されます。

5種類の保税地域（図表3-8）

保税地域（許可期間）	設置と機能
指定保税地域	（設置）財務大臣の指定 （機能）外国から到着した貨物や輸出しようとする貨物を一時蔵置することのできる場所 （蔵置期間）1ヵ月
保税蔵置場 （許可期間 10年以内）	（設置）税関長の許可 （機能）①外国から到着した貨物や輸出しようとする貨物を一時蔵置することのできる場所 ②蔵入承認を受けることにより外国貨物を長期に蔵置できる場所 （蔵置期間）3ヵ月、最初の蔵入承認の日から2年
保税工場 （許可期間 10年以内）	（設置）税関長の許可 （機能）外国から到着した原材料を一時的に蔵置し、移入承認を受けることにより外国貨物である原料品を使い加工、製造すること（保税作業という）のできる場所 （蔵置期間）3ヵ月、当該移入承認の日から2年
保税展示場 （博覧会等の会期を勘案して税関長が必要と認める期間）	（設置）税関長の許可 （機能）外国から到着した貨物を外国貨物のまま展示することができる場所 （蔵置期間）展示等承認を受けてから保税展示場の許可期間内
総合保税地域 （許可期間 10年以内）	（設置）税関長の許可 （機能）貨物の短期及び長期の蔵置、保税作業、保税展示をすることができる場所 このように保税地域のすべての機能を有している （蔵置期間）3ヵ月、当該総保入承認を受けた日から2年

■蔵入承認・移入承認・総保入承認
くらいれしょうにん うついれしょうにん そうほいれしょうにん

蔵入承認とは、保税蔵置場に貨物を長期に蔵置する場合、税関長から受ける承認のことです。蔵置できる期間は、最初に蔵入承認を受けた日から2年です。

この「最初に」というのは重要です。これは、例えばA倉庫に長期蔵置するため蔵入承認を受けたのちにB倉庫に移し、B倉庫に長期蔵置するため蔵入承認を受けたとしましょう。この場合、B倉庫に入れておくことのできる期間は、A倉庫の蔵入承認から通算して2年ということになるのです。

移入承認とは、保税工場で保税作業を行うことにつき税関長から受ける承認のことです。

総保入承認とは、総合保税地域に貨物を長期蔵置したり、保税展示したり、保税作業することにつき、税関長から受ける承認のことです。

移入承認と総保入承認は、「当該承認の日」から2年としています。つまり、蔵入承認の場合のように通算するのではなく、他の保税工場や総合保税地域に貨物を移した場合、それぞれの移入承認あるいは総保入承認の日から2年という計算になるのです。

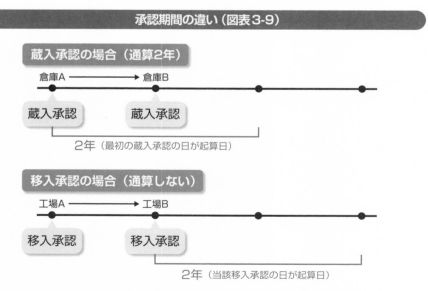

承認期間の違い（図表3-9）

蔵入承認の場合（通算2年）

倉庫A ──────→ 倉庫B

蔵入承認　　　　　　蔵入承認

2年（最初の蔵入承認の日が起算日）

移入承認の場合（通算しない）

工場A ──────→ 工場B

移入承認　　　　　　移入承認

2年（当該移入承認の日が起算日）

※総保入承認の場合も移入承認の場合と同様。

 次の問いに○か×で答えなさい。

❶ 指定保税地域は、国や地方公共団体等が所有、管理する土地又は建設物で、開港または税関空港における税関手続の簡易かつ迅速な処理を図るため税関長が指定した保税地域である。

❷ 保税蔵置場に置くことの承認（蔵入承認）は、最初に受けた蔵入承認から通算して2年間外国貨物を置くことができる。

Answer

❶ ✕　指定保税地域は、国や地方公共団体等が所有、管理する土地又は建設物で、開港または税関空港における税関手続の簡易かつ迅速な処理を図るために設置するものですが、税関長ではなく**財務大臣が指定した保税地域**です。

❷ ○　蔵入承認は、最初に承認された日から**通算して2年間**です。

7 保税運送

　保税運送とは、外国貨物のまま国内を運送することですが、関税法では、開港、税関空港、保税地域、税関官署及び他所蔵置場所の相互間に限って外国貨物のまま運送することができると規定しています。外国貨物の状態で運送できるということは、関税の課税が留保されている状態で運送することができるという意味です。

　保税運送を行うには、税関長に**保税運送の申告**を行い、**承認**を受ける必要があります。

　この場合、保税運送のつど申告をし、**個別に承認**を受ける方法と、1年以内で税関長が指定する期間内に発送される外国貨物に対し、**一括して承認**を受ける方法があります。

　税関長は、保税運送の承認に際して、相当と認められる運送の期間を指定しなければなりません。そして、保税運送の承認を受けた者は、**税関長から指定された期間内に目的地に到着しなければなりません**。万が一、その期間内に到着しない場合は、災害その他やむを得ない事情により貨物が亡失したなどの例外を除き、保税運

送の承認を受けた者は、運送中の外国貨物に係る関税、消費税、地方消費税を**直ち**に納付しなければなりません。ただし、**輸出が許可された貨物**も外国貨物ですが、この貨物の場合は、**納税義務は発生しません。**

■**保税運送の一巡**

貨物が輸入港に到着（横浜港）

↓

保税運送（OLT）

↓

インランド・デポ（内陸部にある保税蔵置場）（群馬県前橋市）

↓

輸入通関手続→輸入許可→（一般の運送）→荷主（群馬県太田市）

外国から貨物が到着します。この例では、到着した開港（横浜港）では通関手続を行わずに、群馬県前橋市にある保税地域にそのまま保税運送します。港ではなく内陸部にあるコンテナ・ターミナルなどの保税蔵置場を、インランド・デポといいます。

保税運送（OLT）とありますが、これはOver Land Transportの略で、**陸路での保税運送の意味**です。ちなみに、**海路による保税運送をICT（Inter Coast Transport）**、**空路による保税運送をACT（Air Craft Transport）**といいます。

そして、保税蔵置場に貨物が搬入されると輸入（納税）申告が行われ輸入通関手続がされます。税関長の輸入許可を受けると、貨物は内国貨物になり、関税法の規制外の貨物になります。あとは自由に運送ができ、荷主のもとへと運送されます。

■**担保**

税関長が保税運送の承認を行うにあたり、貨物の関税額に相当する額の担保の提供を求めることがあります。

次の問いに〇か×で答えなさい。

❶保税運送の申告は、保税運送をしようとする貨物の荷主が税関長に行う必要がある。

❷例外を除き、保税運送の承認の際に指定された運送期間内に外国貨物（輸出許可貨物を除く）が到着しない場合は、保税運送の承認を受けた者から直ちに関税等が徴収される。

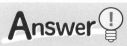

❶ × 　保税運送の申告は、保税運送を行う者、つまり運送会社が税関長に行う必要があります。

❷ 〇 　指定された期間内に貨物が目的地に到着しない場合は、保税運送の承認を受けた者（運送会社）から直ちに関税が徴収されます。なお、この場合でも**貨物は、内国貨物とはみなされません**。

8 他法令と輸出入申告

　ここでは、他法令の制限がある場合の輸出入通関手続についてお話ししましょう。

　まずは、この「**他法令**」とは何を指しているかです。実は、通関の世界では、関税法、関税定率法、関税暫定措置法など**関税に関する法律以外**のことを指しています。

他法令とは（図表3-10）

『関税法』
『関税定率法』
『関税暫定措置法』
その他関税に関する法律

『外国為替及び
　外国貿易法』
『輸入貿易管理令』
『食品衛生法』
『植物防疫法』
『狂犬病予防法』等

他法令

関税法等の関税に関する法律は、関税という税金についての規定のほかに通関手続などについても規定しています。そしてこれらの法律は、財務省関税局が担当しています。つまり、**財務省の所管**ということになります。

■他の法令で輸入に関して許可・承認等が必要な場合

他法令の例として「医薬品、医療機器等の品質、有効性及び安全性の確保等に関する法律」という長い名前の法律があります。実はこれは、昔「薬事法」といわれていたものが適用範囲を広げリニューアルしたものなのですが、現在は略して「薬機法（やっきほう）」ということが多いです。この法律は、厚生労働省の所管です。

この法律によると、指定薬物は「医療等の用途」に供するための場合を除いて、輸入が禁止されています。これを受けて関税法では、薬機法で定める指定薬物は「**輸入してはならない貨物（医療等の用途を除く）**」であると規定しています。この場合、医療等の用途については、所管する厚生労働省が、どういう場合が該当するかの基準を作っています。財務省・税関の所轄ではありません。

通常、指定薬物は輸入できませんが、「医療等の用途」のために輸入する場合は、税関長が輸入許可を行います。では、これを誰が証明・確認するかというと、基準作成を行っている厚生労働省ということになります。この証明・確認を受けて、そのことを税関長に証明して輸入許可を受けることができるのです。

もう少し具体的にいうと、**学術・研究又は試験の用途、疾病の治療、薬機法で規定する試験、検査**などの場合に**医療等の用途**として認められています。このような医療等の用途に供する場合は、「輸入指定薬物用途誓約書」を厚生労働大臣宛てに提出し、厚生労働省医薬生活衛生局の監視指導・麻薬対策課の確認を受け、**確認を受けた誓約書を税関に提出**することになります。

このように、輸入に関して、他法令で輸入する貨物について必要な「**許可や承認その他の行政機関の処分**」が必要な場合は、**輸入申告の際、他の法令の許可等を受けている旨を税関に証明**することが必要です。

■他法令の規定により輸入に関して検査や条件の具備が必要な場合

次の例として犬の輸入の場合をお話ししましょう。犬の輸入に関しては、狂犬病予防法に規定があります。この法律は、農林水産省の所管です。

　輸出国により手続は異なりますが、輸出国で、まず輸入する犬にマイクロチップを埋め込む必要があります。オーストラリア、ニュージーランド、ハワイなどの指定国以外からの輸入の場合には、狂犬病の予防接種を2回以上受けたあと、抗体検査が必要です。そして、輸出前待機として180日間以上、さらに出国前10日以内に**輸出検査**が必要です。

　そして、輸出国でこれらの検査等について各種証明書を入手します。

　これらが、輸出国での手続です。また、出国40日前に、日本の到着地の動物検疫所にその旨を届け出ます。これらの手続を経ないと、日本への輸入は困難です。

　日本に到着したあと、輸入条件を満たしているかどうか、**動物検疫所で審査**します。万が一満たしていない場合は、返送などになりますが、最大180日間の係留検査が行われることもあります。

　これは、輸入に関して**検査や条件の具備**が必要であるという例です。

　この場合には、輸入の検査その他輸入申告に係る税関の審査の際、その法令の規定による**検査の完了又は条件の具備を税関に証明し、確認を受ける**必要があります。

税関への証明・確認（関税法70条）（図表3-11）

輸入（納税）申告の際	他法令による許可・承認等を受けている旨を税関に証明
輸入の審査・検査の際	他法令による検査の完了又は条件の具備を税関に証明し確認を受ける

これができない場合、輸入は許可されない！！

　このしくみは、税関長の輸入許可のために税関が最終チェックをすることにより、輸入に関する他の法令の規定を**実効性**のあるものにしているのです。

　税関への証明ができなかったり、確認を受けられなかった場合、当該貨物は輸入できません。輸入の例でお話ししましたが、輸出の場合も同様です。これらは、「**関税法70条**」という有名な条文に規定されています。

 次の問いに〇か×で答えなさい。

❶関税法70条の規定で「他の法令」というのは、関税法その他関税に関する法令以外の法令を指している。

❷他の法令の規定により輸入に関して許可、承認その他の行政処分が必要な貨物は、貨物の引取りの際に、当該許可、承認その他の行政処分を受けていることを税関に証明する必要がある。

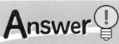

❶ 〇 関税法70条の規定で他の法令というのは、関税法その他関税に関する法令以外の法令を指しています。

❷ × 他の法令の規定により輸入に関して許可、承認その他の行政処分が必要な貨物は、**輸入申告の際**に、当該許可、承認その他の行政処分を受けていることを**税関に証明する**必要があります。

---

⑨外国為替及び外国貿易法と輸出（1）

外国為替及び外国貿易法（以下「外為法」）もまた、他法令の1つです。ここでは、外為法の輸出に関する規制についてお話しします。特に輸出許可制度は、我が国の安全保障に直接影響する重要な制度です。なお、外為法の政令には輸出貿易管理令（輸入には輸入貿易管理令）があり、具体的な規制が規定されています。

■輸出許可が必要な場合

国際的な平和及び安全の維持を妨げることになると認められるものとして政令で定める特定の地域を仕向地とする特定の種類の貨物の輸出をしようとする者は、経済産業大臣の許可を受けなければならない、と外為法では規定されています。

この規定は、東西冷戦時代にできたもので、西側陣営から東側陣営に武器、原子力関連物資、先端技術が流れないように、ココム（対共産圏輸出統制委員会）が作成したリストに基づき輸出規制をしたものです。

ですから、外為法で規定する、国際的な平和及び安全の維持を妨げるような特定

の地域は、当時のソ連を中心とした東側陣営を指していました。しかし、ソ連崩壊やベルリンの壁崩壊により東西冷戦は終結し、世界各地で地域紛争が多発するようになりました。このような変化から、現在は、この**特定の地域**は、「**全地域**」つまり「**外国すべて**」となりました。

そして、特定の種類の貨物とは、国際的な平和及び安全を脅かすもの、つまり**武器、大量破壊兵器、ミサイル**などで、具体的には「**輸出貿易管理令別表1**」に掲げられた貨物です。これらの貨物をどこの国へ輸出する場合でも、**経済産業大臣の輸出許可**を受ける必要があるのです。

■リスト規制と補完的輸出規制

国際的な平和及び安全を妨げることとなる貨物は、具体的に**輸出貿易管理令別表1**に掲げられています。この別表1は、**第1号から第16号**に分かれています。このうち第1号から第15号までは、規制される物品が**リスト化**され**個別具体的**に掲げられています。このことから、これらの物品に対する規制を**リスト規制**といいます。

一方、第16号は、規制される物品が個別具体的にリスト化されていません。ここで定められているのは、輸出管理徹底国（いわゆるグループＡ）を除く国や地域に第1号から第15号で規制されていない全物品（紙や木材などを除く）を輸出する場合でも、**大量破壊兵器や武器などに利用されるおそれのある場合は経済産業大臣の輸出許可**を受けなければならない、という**補完的**な**輸出規制**（**キャッチオール規制**）です。この規制には、大量破壊兵器に利用されるおそれがないことを確認する、いわゆる「**大量破壊兵器キャッチオール規制**」と、「**通常兵器キャッチオール規制**」の2つがあります。

いずれもキャッチオール規制では、輸出者が輸出しようとしている貨物が、①大量破壊兵器又は通常兵器の開発等に用いられると**知っている場合**（**客観要件**）、②大量破壊兵器又は通常兵器の開発等に用いられるおそれがあるとして**経済産業省から通知された場合**（**インフォーム要件**）のいずれかに該当する場合は、**経済産業大臣**の**輸出許可**を受けなければならない、というものです。

なお、輸出管理制度が整備されている26ヵ国（輸出管理徹底国）とは、ベルギー、カナダ、アメリカ合衆国、ノルウェー、ポーランド、フランス、ドイツ、スペイン等であり、先にお話ししたように規制対象地域から除外されています（輸出貿易管理令別表3）。

■手続の概要

　では、この場合の手続ですが、リスト規制や補完的な輸出規制に該当した場合は、経済産業大臣の許可を受けないと税関長への輸出申告は行うことができません。そこで、まず経済産業大臣宛てに輸出許可申請書を提出する必要があります。しかし、この場合の「輸出許可」の意味は、禁止しているものを特例的に禁止解除するという意味ですから、許可を受けるのは相当困難なことなのです。しかし、ここでは、許可を受けることを前提に税関長の輸出許可までの手続を見てみましょう。

· ·

①最初に経済産業大臣に輸出許可申請書を提出します。

②経済産業大臣の輸出許可を受けます。経済産業大臣の輸出許可書の有効期限は、輸出許可の日から原則として6ヵ月です。したがって、この期間内に税関長に輸出申告を行う必要があります。

③税関長に輸出申告を行いますが、輸出申告に際して輸出貨物に係る経済産業大臣の輸出許可を受けていることを証明します。

④税関長の審査・検査を受けます。

⑤税関長の輸出許可を受けます。

⑥外国に向けて送り出します。

· ·

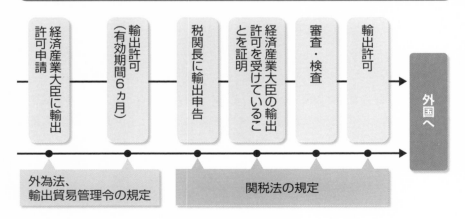

経済産業大臣の輸出許可が必要な場合の輸出通関（図表3-12）

経済産業大臣に輸出許可申請　→　輸出許可（有効期間6ヵ月）　→　税関長に輸出申告　→　経済産業大臣の輸出許可を受けていることを証明　→　審査・検査　→　輸出許可　→　外国へ

外為法、輸出貿易管理令の規定 ／ 関税法の規定

次の問いに〇か×で答えなさい。

❶輸出貿易管理令別表3に掲げられる輸出管理体制が整備されている国の1つであるドイツへ武器を輸出する場合には、経済産業大臣の輸出許可は、受ける必要はない。

❷軍事用ドローンに転用可能なモーターではあるが、A国の企業からA国の農薬散布用のヘリコプターに使用するとの注文を受けたため、軍用ドローンに使用することはないと判断し、経済産業大臣の輸出許可を受けないで輸出することには違法性はない。

Answer

❶ ✕　輸出貿易管理令別表3に掲げられる輸出管理が整備されている国（輸出管理徹底国）に含まれるドイツへの輸出であっても、武器はリスト規制の対象となるので、輸出許可が必要です。

❷ ✕　軍事用ドローンに転用可能なモーターは、キャッチオール規制の対象なので、経済産業大臣の輸出許可が必要な貨物です。経済産業大臣の輸出許可を受けないで輸出することは、外為法及び関税法に抵触するおそれがあります。

🔟外国為替及び外国貿易法と輸出（2）

　輸出貿易管理令では、経済産業大臣の輸出許可のほかに輸出承認が必要な場合も規定しています。輸出承認が必要な場合は、輸出許可の場合と異なり、以下の観点から規定されています。

①国際収支の均衡の維持のため

②外国貿易及び国民経済の健全な発展のため

③わが国が締結した条約その他の国際約束を誠実に履行するため

④国際平和のための国際的な努力にわが国として寄与するため

⑤閣議決定を実施するため

具体的には、次の3つの場合が規定されています。

---

①輸出貿易管理令別表2に掲げる貨物の輸出

②別表2の2に掲げる貨物の**北朝鮮を仕向地**とする輸出

③**委託加工貿易契約**による貨物の輸出

輸出貿易管理令別表2に掲げる貨物には、ダイヤモンド（全地域）、オゾン層を破壊する物質に関するモントリオール議定書付属書に掲げる物品（全世界）、5万円を超えるうなぎの稚魚（全地域）、3万円を超える冷凍のあさり、はまぐり（アメリカ合衆国）等があります。

また、別表2の2に掲げる貨物とは、冷凍牛肉、キャビア、アルコール飲料、乗用自動車などで、これらの貨物を北朝鮮に輸出する場合には、**経済産業大臣の輸出承認**が必要と規定されています。ただし、現在は閣議決定により、北朝鮮への輸出については貨物の種類にかかわらず**全面輸出禁止措置**がとられています。

次に**委託加工貿易契約**についてですが、これは外国の工場に加工作業を委託する契約のことです。この**委託加工貿易契約**に基づいて経済産業大臣の輸出承認が必要となるのは、**皮革製品の製造加工**を委託するために100万円を超える皮革、原毛皮などを輸出する場合です。

■輸出承認が必要な場合の通関

経済産業大臣の輸出承認が必要な貨物は、まず、経済産業大臣に**輸出承認の申請**を行い、経済産業大臣の**輸出承認**を受ける必要があります。また、核燃料物質に該当する貨物のように、**輸出許可**と**輸出承認**の両方を要求されているものもあります。この場合には、**両方の処分**を受けなければなりません。

輸出承認の有効期間は、経済産業大臣がその承認をした日から**6ヵ月**ですので、その間に税関長に輸出申告を行う必要があります。**輸出申告の際には、経済産業大臣の輸出承認を受けていることを税関に証明**しなければなりません。証明ができなければ、輸出許可を受けることはできません。

経済産業大臣の輸出承認が必要な場合の輸出通関（図表3-13）

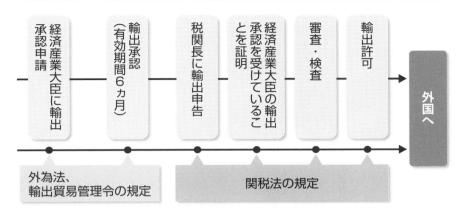

経済産業大臣に輸出承認申請 ― 輸出承認（有効期間6ヵ月） ― 税関長に輸出申告 ― 経済産業大臣の輸出承認を受けていることを証明 ― 審査・検査 ― 輸出許可 → 外国へ

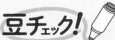

外為法、輸出貿易管理令の規定

関税法の規定

豆チェック！ 次の問いに〇か×で答えなさい。

❶ 税関長への輸出申告の際、経済産業大臣の輸出承認が必要な貨物について当該承認を受けていることを証明しなければ、輸出は許可されない。

❷ 経済産業大臣の輸出承認の有効期間は、承認の日から6ヵ月であるので、その間に税関長に輸出申告を行う必要がある。

Answer

❶ 〇 輸出承認が必要な貨物については、関税法70条の規定により、税関長への輸出申告の際、外為法の規定による経済産業大臣の輸出承認を受けていることを税関に証明しなければなりません。

❷ 〇 輸出申告の際の輸出承認を受けていることの証明は、承認の有効期間である承認の日から6ヵ月以内に行う必要がある。

⑪外為法と輸入

外為法では、以下の観点から、輸入に関し**経済産業大臣から輸入承認**を受ける必要がある場合を規定しています。

・・

①外国貿易及び国民経済の健全な発展を図るため
②わが国が締結した条約その他の国際約束を誠実に履行するため
③国際平和のための国際的な努力にわが国として寄与するため
④閣議決定を実施するため

・・

具体的には、図表3-14にあるようにまとめることができます。
ここでは、通関ビジネス実務検定™の範囲である**輸入割当て**について説明します。

輸入承認が必要な貨物（図表3-14）

輸入承認が必要な貨物		
	①輸入割当品目（IQ品目）	輸入公表1号
	②特定の原産地・船積地域からの輸入	輸入公表2号
	③全原産地・船積地域からの輸入	輸入公表2号の2
	④事前確認・通関時確認品目	輸入公表3号

※事前確認等により輸入承認は不要になる。

■輸入割当てを要する場合（輸入公表1号）

輸入割当て（IQ：Import Quota）は、あらかじめ政府が**輸入できる数量**を決め、その範囲内で**輸入者に数量を割り当て、輸入権**を与える方式の輸入管理です。つまりこの制度は、**輸入数量制限**を課す制度です。この対象となるのが輸入割当品目で、**IQ品目**と呼ばれています。

では、どのような貨物がIQ品目なのでしょうか。大きく2つに分かれます。**非自由品目**とは、日本の産業を保護する目的で、自由に輸入することを規制するもので

す。また、もう1つは、**国際的な約束を履行**するためのものです。具体的には、次のとおりです。

・・・

①**非自由化品目**……にしん、たら、帆立貝、貝柱等の魚介類および海草
②**モントリオール議定書**に規定されている規制物品（オゾン層を破壊する特定フロンなど）

・・・

　輸入割当ては、通常、**貨物の数量**により行われます。ただし、数量による輸入割当てを行うことが困難である場合や適当でない場合には、**貨物の価額**により行われます。

■輸入割当品目に該当する貨物を輸入する場合の手続

・・・

①経済産業大臣に**輸入割当ての申請**を行う。
②貨物の輸入に係る輸入割当てを受け、**輸入割当証明書の交付**を受ける。
③輸入割当証明書の**有効期間内**（交付の日から原則として**4ヵ月**）に経済産業大臣に**輸入承認申請**をする。
④経済産業大臣の**輸入承認**を受ける。
⑤輸入承認の有効期間内（承認した日から原則として**6ヵ月**）に**税関長に輸入（納税）申告**を行う。
　この輸入（納税）申告の際に、経済産業大臣の承認を受けている旨を**税関長に証明**する。証明できない場合、輸入は許可されない。
⑥税関長の**審査・検査**を経て**輸入許可**。
⑦輸入者は、輸入許可された**貨物を引き取る**。

・・・

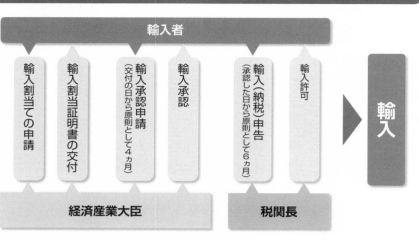

輸入割当品目と輸入（図表3-15）

　次の問いに○か×で答えなさい。

❶輸入割当証明書の有効期間は、交付の日から6ヵ月であるので、6ヵ月以内に経済産業大臣に輸入承認申請を行わなければならない。

❷オゾン層を破壊する特定フロンなどのワシントン条約に規定する規制物品は、経済産業大臣の輸入割当てを受ける必要がある。

Answer

❶ ✕　輸入割当証明書の有効期間は、交付の日から**4ヵ月**です。したがって、4ヵ月以内に経済産業大臣に輸入承認の申請を行う必要があります。

❷ ✕　オゾン層を破壊する特定フロンなどは、ワシントン条約ではなく、**モントリオール議定書**で規制されています。

12 NACCS（輸出入・港湾関連情報処理システム）による通関手続

　輸出入に関する様々な手続は、NACCS（ナックス）と呼ばれる電子情報処理システムにより行われています。図表3-16をご覧ください。

NACCS（図表3-16）

保税蔵置場業務
- ◎貨物搬出入についての税関手続
- ◎貨物の在庫管理
- ◎貨物保管料等の計算（航空のみ）など

税関業務
- ◎輸出入申告等の受理、許可・承認の通知
- ◎各種申請等の受理など

通関業務
- ◎輸出入通関のための税関手続
- ◎取扱手数料等の請求書作成
- ◎保税蔵置場に対する搬出の予約（航空のみ）など

荷主業務
- ◎船積指図やインボイスの登録業務など

海貨業務 NVOCC業務
- ◎バンニング情報の登録など物流についての手続
- ◎混載貨物についての手続など

船会社業務 船舶代理店業務
- ◎入出港についての税関等港湾関係省庁手続
- ◎とん税等納付申告
- ◎積荷目録提出、船積確認についての関税手続など

CY業務 バンプール業務
- ◎コンテナ積卸し、搬出入についての税関手続
- ◎コンテナの管理

航空会社業務
- ◎入出港についての税関、入管及び検疫手続
- ◎航空貨物についての税関手続
- ◎着払貨物の運賃情報管理など

銀行業務
- ◎関税等の口座振替による領収

損害保険業務
- ◎輸入申告等で使用する包括保険料指数についての手続など

関係行政機関業務
- ◎輸出入関連手続の受理・許可・承認の通知など
- ◎入出港関連手続の受理・許可の通知

管理統計資料
- ◎入力された情報を基に各種管理統計資料を作成、提供

機用品業務
- ◎貨物の搬出入についての税関手続
- ◎機用品の在庫確認

混載業務
- ◎混載貨物についての税関手続
- ◎混載業務の情報管理
- ◎着払貨物の運賃情報管理など

航空貨物代理店業務
- ◎保税蔵置場に対する搬入伝票の作成

（輸出入・港湾関連情報処理センター株式会社HPより、NACCSの主な業務）

　この図のとおり、通関手続をはじめとした税関手続のほか、関連する行政機関の業務、例えば、食品衛生法上の輸出入手続、植物防疫法上の輸出入手続、狂犬病予防法上の輸出入手続、そして外国為替及び外国貿易法、輸出貿易管理令や輸入貿易管理令に規定する許可・承認の手続などを行うことができます。

　さらには、船会社、航空会社、海上保険会社、銀行等ともつながり、様々な情報が関連機関内で共有化されるなど、**貿易手続のプラットホーム**として重要な役割を担っています。

　これらの業務は、「**電子情報処理組織による輸出入等関連業務の処理等に関する法律**」（以下「**NACCS法**」といいます）に基づき、輸出入・港湾関連情報処理センター株式会社（本社：東京・港区）が行っています。

　NACCS法では、NACCSの業務が適正に行われることにより、わが国の港湾及び空港における**貨物の流通の円滑化**を図っています。また、国際的な人の往来の円滑化を図ることによって、**わが国の産業の国際競争力の強化に寄与**することを掲げています。

■通関手続とNACCS

　通関手続法である関税法には、電子情報処理システムを利活用した通関手続についての直接の規定はありません。そこで、電子情報処理システムであるNACCSを利用する場合は、**NACCS法の規定**により処理されます。その主なものは、次のとおりです。

　NACCSを使用して行う申告等や処分の通知は、「**情報通信技術活用法**」（正式名：情報通信技術を活用した行政の推進等に関する法律）の規定の適用を受けることが規定されています。

　例えば情報通信技術活用法では、輸入申告や輸出申告は、NACCSを運用している**輸出入・港湾関連情報処理センター**の使用に係る電子計算機に備えられたファイルへ記録されたときに税関に到達したとみなされ、また税関からの通知は、このファイルへ記録されたときに税関から発せられたとみなされ、処分の相手方のファイルへ記録されたときに処分の相手方に到達したとみなされる、と規定されています。

　また、**通関業者**は、税関に輸出入の申告を行う際は、通関業法に基づき**通関士にその内容の審査をさせる義務**があります。NACCSを利用する場合、入力の内容を

プリントアウトするか、画面上で通関士に**審査**をさせ、審査をした通関士は、**通関士識別符号**を使用して、審査をした旨の入力を行います。

次の問いに〇か✕で答えなさい。

❶輸出入通関手続は、必ずNACCS（輸出入・港湾関連情報処理システム）を利用して行わなければならない。

❷NACCS（輸出入・港湾関連情報処理システム）により植物防疫法に基づく植物防疫所の検査を受けて交付された「植物検査合格証明書」は、NACCSにより受け取ることができ、同時に税関にも同合格証明書が交付されたことの通知がされる。

Answer

❶ ✕　輸出入通関手続は、NACCSを必ず使用しなければならないというわけではありません。もっとも、特例申告など一部のものについては、NACCSを使用しなければならない場合もあります。

❷ 〇　NACCS（輸出入・港湾関連情報処理システム）により植物防疫法に基づく植物防疫所の検査を受け、交付された「植物検査合格証明書」は、NACCSにより受け取ることができ、同時に税関にも同合格証明書が交付されたことの通知がされます。このように、輸出入及び港湾関連手続は、NACCSにより**シングルウインドウ化**が図られています。

13 輸出してはならない貨物と輸入してはならない貨物

　関税法では、「輸出してはならない貨物」と「輸入してはならない貨物」が定められています。これらを比較して見てみましょう。

輸出してはならない貨物と輸入してはならない貨物（図表3-17）

輸出してはならない貨物

①麻薬及び向精神薬、大麻、あへん及びけしがら並びに覚醒剤（覚醒剤取締法にいう覚醒剤原料を含む。）
②児童ポルノ（児童買春、児童ポルノに係る行為等の規制及び処罰並びに児童の保護等に関する法律2条3項（定義）に規定する児童ポルノをいう。）
③特許権、実用新案権、意匠権、商標権、著作権、著作隣接権又は育成者権を侵害する物品
④不正競争防止法2条1項1号から3号まで及び10号・17号・18号（定義）に掲げる行為（不正競争防止法19条1項1号から5号まで及び7号又は9号（適用除外等）に定める行為を除く。）を組成する物品：
   （1号）周知表示混同惹起行為
   （2号）著名表示冒用行為
   （3号）商品形態模倣行為
   （10号）営業秘密不正使用行為
   （17号）（視聴等機器）技術的制限手段無効化行為
   （18号）（視聴等機器）技術的制限手段特定無効化行為
   （以下、「不正競争防止法違反物品」という。）

輸入してはならない貨物

①麻薬及び向精神薬、大麻、あへん及びけしがら並びに覚醒剤（覚醒剤取締法にいう覚醒剤原料を含む。）並びにあへん吸煙具
②指定薬物（医薬品、医薬機器等の品質、有効性及び安全性の確保等に関する法律（医薬品医療機器等法）2条15項（定義）に規定するもの）
③挙発銃、小銃、機関銃及び砲並びにこれらの銃砲弾並びに挙銃部品
④爆発物（爆発物取締罰則1条（爆発物の使用）に規定する爆発物をいう。）
⑤火薬類（火薬類取締法2条1項（定義）に規定する火薬類をいう。）
⑥化学兵器の禁止及び特定物質の規制等に関する法律2条3項（定義等）に規定する特定物質
⑦感染症の予防及び感染症の患者に対する医療に関する法律に規定する一種病原体等及び二種病原体等
  （注）つまり、生物テロに使用されるおそれのある病原体の規制で、たとえばエボラウイルス、炭疽菌など
⑧貨幣、紙幣若しくは銀行券、印紙若しくは郵便切手又は有価証券の偽造品、変造品及び模造品並びに不正に作られた代金若しくは料金の支払用又は預貯金の引出用のカードを構成する電磁的記録をその構成部分とするカード（その原料となるべきカードを含む。）
  （注）つまり、偽札、クレジットカードやキャッシュカードの偽造品などのこと。
⑨公安又は風俗を害すべき書籍、図画、彫刻物その他の物品
⑩児童ポルノ（児童買春、児童ポルノに係る行為等の規制及び処罰並びに児童の保護等に関する法律2条3項（定義）に規定する児童ポルノをいう。）
⑪特許権、実用新案権、意匠権、商標権、著作権、著作隣接権、回路配置利用権又は育成者権を侵害する物品
⑫不正競争防止法2条1項1号から3号まで及び10号・17号・18号（定義）に掲げる行為（不正競争防止法19条1項1号から5号まで及び7号又は9号（適用除外等）に定める行為を除く。）を組成する物品（不正競争防止法違反物品）：
   （1号）周知表示混同惹起行為
   （2号）著名表示冒用行為
   （3号）商品形態模倣行為
   （10号）営業秘密不正使用行為
   （17号）（視聴等機器）技術的制限手段無効化行為
   （18号）（視聴等機器）技術的制限手段特定無効化行為
   （以下、「不正競争防止法違反物品」という。）

　この表で太文字のものは、「輸出してはならない貨物」と「輸入してはならない貨物」の双方に共通のものです。

　税関は、これらの貨物に該当する場合は、次のように処分します。

・・・

①児童ポルノに該当するもの（輸出入）… 輸出者あるいは輸入者に**通知**を行います。

②公安又は風俗を害すべき物品に該当するもの（輸入）… 輸入者に**通知**を行います。

③知的財産権侵害物品及び不正競争防止法違反物品（輸出入）… **認定手続**を行います。

・・・

　また、その他のものについては、没収して廃棄することができます。さらに輸入の場合は、輸入者に積みもどしを命じることができます。

　認定手続については、次でお話ししましょう。

豆チェック！　次の問いに〇か×で答えなさい。

❶風俗を害すべき書籍であると税関長が思料するときは、税関長は、直ちに該当する書籍を没収廃棄することができる。

❷不正競争防止法違反物品であると税関長が思料するときは、税関長は、不正競争違反物品であるか否かを認定する手続を行う。

Answer

❶ ✕　児童ポルノの場合、思想・表現の自由が日本国憲法で基本的人権として保障されていることから、直ちに没収廃棄することは憲法違反になるおそれがあります。そこで、関税法の取扱いは、**通知**を出すことになっています（通知を受けた者が自発的に貨物を処理することになります）。

❷ 〇　不正競争防止法違反物品に該当すると思料するときは、税関長は、**認定手続**を行います。

14 知的財産権侵害物品と輸入差止申立て、輸出差止申立て

■輸入差止申立てと輸出差止申立て

特許権、実用新案権、商標権、著作権等の知的財産権の侵害物品や不正競争防止法違反物品などが輸入されたり輸出されたりする場合、前述のとおり税関長はそれらの物品について、侵害物品なのか、不正競争防止法違反物品なのかを明らかにするため認定手続を行い、結果が黒であれば、「輸入してはならない貨物」や「輸出してはならない貨物」に該当するものとして輸入や輸出を許可しません。

ところで、**特許権の権利等を有する者**も自分の権利が侵害されていることを知った場合は、税関長に対して当該貨物の**輸入や輸出の差止を請求することができます。**この差止請求は、認定手続を開始し、黒と認定したうえで輸入禁止や輸出禁止の措置をとるよう税関長に求めるものです。これにより権利者の保護が図られています。

認定手続の開始（図表3-18）

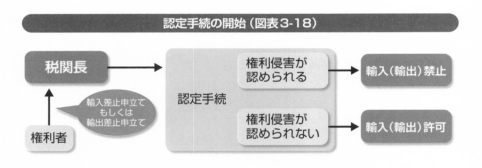

■輸入してはならない貨物の認定手続の簡素化

特許権、実用新案権、意匠権の権利や不正競争防止法の営業秘密侵害物品以外の侵害疑義貨物について、**認定手続の簡素化**が認められています。これは、輸入者が争う意思を示さなかった場合、速やかに認定を行うものです。

■輸入貨物の認定手続の取りやめ

輸入差止申立てに係る貨物について認定手続が執られたときで、当該**貨物を輸入**しようとする者は、認定手続が執られている間に限り、税関長に対し、当該認定を取りやめることを求めることができます。

税関長は、認定手続を取りやめることの求めがあったときは、当該認定手続にかかる権利者に対し、その旨を通知します。一方、税関長は認定手続の取りやめの請求者に、当該認定手続に係る貨物が輸入されることにより**権利者が被るおそれがある損害の賠償を担保するために相当と認める額の金銭等を供託**するように求め、この供託がされた場合、認定手続を取りやめます。これを**通関解放制度**と呼んでいます。

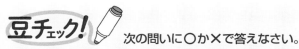

次の問いに〇か×で答えなさい。

❶ 著作権を侵害した物品について著作権者は、税関長に輸入差止の申立てを行うことができる。

❷ 商標権侵害貨物の輸入に関して認定手続をとる通知を輸入者が受けた場合で、輸入者がそれに対し争うとの申し出を行わなかった場合、一連の手続を経ずして税関長は速やかに認定を行うことができる。

Answer

❶ 〇 著作権者は、侵害の事実を疎明（そめい）するために必要な証拠とともに、税関長に輸入差止の請求を行うことができます。

❷ 〇 商標権侵害貨物の輸入に関して認定手続をとる通知を輸入者が受けた場合で、輸入者がそれに対し争うとの申し出を行わなかった場合、一連の手続を経ずして税関長は速やかに認定を行うことができます。

15 AEO（Authorized Economic Operator）制度について

この制度は、2005年（2007年改訂）に世界税関機構（WCO）で採択された「国際貿易の安全確保及び円滑化のための基準の枠組み」に基づいて作られた、国際的な枠組みに基づいた制度です。AEOとはAuthorized Economic Operatorの略で、日本語に訳すと「認定された経済事業者」となりますが、実務的には「AEO」と呼んでいます。

では、AEOとはどのような制度でしょうか。これは、貿易に関連する業者等全体から①**コンプライアンス**が守られているか、②**セキュリティ体制**が万全か、③業務

について**十分な経験**があるか、という観点から**ローリスクグループ**を区分し、ローリスクグループに属する者は、通関の際、審査・検査等の軽減などのベネフィットを与えようというものです。また、米国、EU、中国、台湾、香港、カナダ、オーストラリア、シンガポールなどの外国の税関と日本は、AEO相互承認を行っており、これにより国際物流におけるセキュリティレベルの向上ならびに貿易の一層の円滑化を目指しています。

図表3-19にあるように、関税法では、6つのAEO業者を設けています。これらの業者は、すべて**自ら税関長に申請を行い認定又は承認を受ける**ことにより、その地位を取得します。

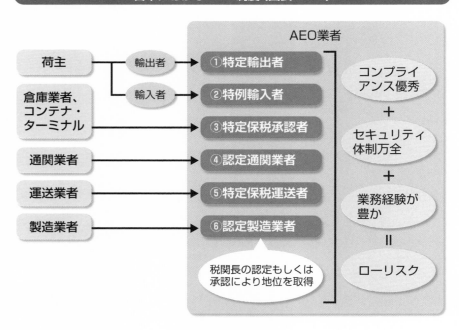

日本におけるAEO制度（図表3-19）

これらのAEO業者のうち、通関ビジネス業務検定™では、**特定輸出者**と**特例輸入者**が主な範囲になっています。これらの承認を受けた場合の関税法上のベネフィットについてお話しします。

■特定輸出者

特定輸出者の場合、輸出しようとする貨物を保税地域等に搬入することなく、申告から許可を受けるまでの一連の手続を行うことができます。また、輸出許可後の開港等への運送も、保税運送の承認を受けないで行うことができます。

なお、特定輸出者の行う輸出申告を**特定輸出申告**といいます。この特定輸出申告は、NACCSで行うことが必要です。

特定輸出申告の場合と通常の輸出申告の場合の比較（図表3-20）

※特定輸出者は、輸出しようとする貨物を保税地域等に入れずに、例えば自社の工場や倉庫で、輸出申告から輸出許可を受けるまでの一連の輸出通関を行うことができる。

■特例輸入者

一般の輸入通関の場合、輸入しようとする貨物を保税地域等に搬入したのち、輸入（納税）申告を行います。そして、審査・検査を経て納税を行い輸入許可を受けることになります。

一方、特例輸入者が特例申告により輸入する場合は、貨物の**引取り申告**（＝輸入申告）と**特例申告**（＝納税申告）を**分離**して行うことができます。引取り申告は、外国から

日本への運送中でも、外国貿易船（外国貿易のため本邦と外国との間を往来する船舶）の船長により積荷に関する事項が税関に報告されたあとならば行うことができます。

そして、このような場合、**本邦に貨物が到着する前に輸入許可を受けることも可能**です。

しかし一方、納税申告である**特例申告**はまだ行っていません。この場合、**輸入許可の日の属する月の翌月末日までに行う必要**があります。同時に、この日までに関税等を納付しなければなりません。特例申告を行わないと関税等の無申告扱いになり、また申告を行っても**この日までに関税等を納付**しないと延滞税が発生します。

これらの一連の手続は、NACCSを使用して行う必要があります。

特例申告と一般の輸入（納税）申告の比較（図表3-21）

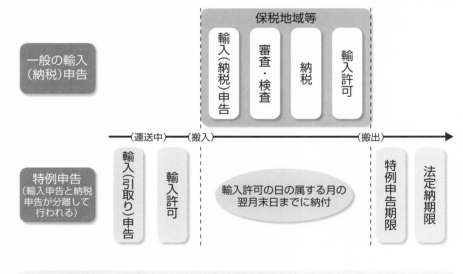

 次の問いに〇か×で答えなさい。

❶特定輸出者の承認を受けた者は、輸出を行う際、必ず特定輸出申告により行わなければならない。

❷特例申告は、納税申告のことで、輸入許可の日の属する月の翌々月の末日までに行う必要がある。

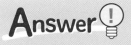

❶ ✕　特定輸出者の承認を受けた者であっても、特定輸出申告ではなく、一般の輸出申告の方法で申告することもできます。なお、特例輸入者の場合も申告を分離せず、一般の輸入（納税）申告によることもできます。

❷ ✕　特例申告は、納税申告のことで、輸入許可の日の属する月の翌々月の末日までではなく、**輸入許可の日の属する月の翌月末日**までに行う必要があります。

16 関税のしくみ

　輸入品に関税を課する目的は、2つあります。1つは、**国の歳入目的**です。もう1つは、**国内産業保護の目的**です。国の収入（公債などを含む）における関税の歳入の割合は、全体の0.9％くらいで推移しています。とすると、主たる目的は国内産業の保護といっていいでしょう。

■関税の計算

　関税の計算は、「**課税標準×税率**」で計算されます。

　この課税標準とは、関税額の計算の基礎となる貨物の価格であったり、貨物の数量、重量であったりします。前者を**従価税**といい、後者を**従量税**といいます。

　課税価格の求め方は、第Ⅳ部でご説明します。

■関税率

　関税率には、**簡易税率**と**一般税率**があります。

　簡易税率には、「**少額貨物に対する簡易税率**」と「**入国者の輸入貨物に対する簡易税率**」の2つがあります。

　一般税率には、日本の国会で定められた**国定税率**として「**基本税率**」、「**暫定税率**」、「**特恵税率**」があり、また、外国との条約により定めた協定税率として「**協定（WTO）税率**」と「**EPA/FTA税率**」があります。この一般税率の適用の優先順位については、第Ⅳ部でお話しします。

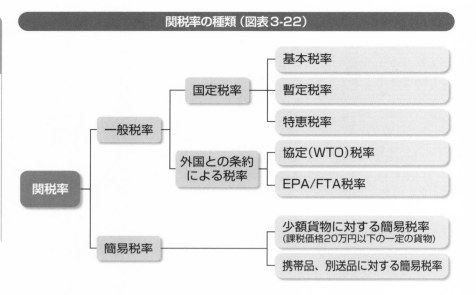

関税率の種類（図表3-22）

- 関税率
  - 一般税率
    - 国定税率
      - 基本税率
      - 暫定税率
      - 特恵税率
    - 外国との条約による税率
      - 協定（WTO）税率
      - EPA/FTA税率
  - 簡易税率
    - 少額貨物に対する簡易税率（課税価格20万円以下の一定の貨物）
    - 携帯品、別送品に対する簡易税率

■関税の簡易税率

A. 少額貨物に対する簡易税率

　課税価格の合計額が**20万円以下**の輸入貨物に適用される簡便な税率です。外国から送られてきた郵便物にも適用されます。ただし、20万円以下であっても携帯品や別送品の場合には、この簡易税率は適用されません。このほか、犯罪に係る物品、免税等で無税となるものやこんにゃく芋、穀物、革製の時計用バンドなど、国内産業の影響などを考慮してこの簡易税率を適用するのが適当ではないと定められた貨物にも適用されません。

　なお、**少額貨物に対する簡易税率は関税率なので、別途、消費税や地方消費税を算出する必要があります。**

B.「携帯品、別送品に対する簡易税率（入国者の輸入貨物に対する簡易税率）」

　日本に入国するときに携帯して輸入するものや別送して輸入するものに対しては、「**携帯品、別送品に対する簡易税率**」を使用します。

　別送品とは、例えば、海外で大きなお土産を購入したりして海外から郵便や宅配便などで自宅に送った場合で、**原則として入国後6ヵ月以内に輸入されるもの**をいいます。そして、この簡易税率の適用にあたっては、入国の際にあらかじめ

税関職員に「携帯品・別送品申告書」で申告し、確認を受けていることが必要です。

　ただし、少額貨物に対する簡易税率の場合と同様に、犯罪に係る貨物や高価な貨物、商業量に達する数量の貨物その他、本邦の産業に対する影響等を考慮してこの税率を適用しない貨物として定められたものは、除かれます。

　なお、この**簡易税率は、関税、消費税、地方消費税を総合**したものです。この点は、少額貨物に対する簡易税率と異なります。

C. 輸入者の申し出による簡易税率の適用除外

　これらの簡易税率が適用される場合でも、輸入者が簡易税率によることを希望しない場合は、簡易税率は適用されずに一般の税率が適用されます。

 **次の問いに〇か×で答えなさい。**

❶課税価格が20万円以下の貨物を国際郵便路線で輸入した場合、少額貨物に対する簡易税率を使って関税額を算出しなければならない。

❷入国者の輸入貨物に対する簡易税率は、輸入貨物に対して課される関税、消費税、地方消費税の率を総合したものを基礎として算出されている。

Answer

❶ ✕　簡易税率は、一部適用除外の貨物もあります。また、簡易税率が適用される場合でも、輸入者が**申し出ることにより一般の税率**が使用されます。

❷ 〇　入国者の輸入貨物に対する簡易税率は、輸入貨物に対して課される**関税、消費税、地方消費税の率を総合**したものを基礎として算出されています。

17 関税額の確定方式

　関税額が確定することにより、関税の納税義務者（通常は輸入者）に**関税の納付義務**が発生し、国には関税の徴収権が発生します。

　ところで、関税額の確定方式としては、**申告納税方式**と**賦課課税方式**の2つが規

定されています。原則は申告納税方式であり、例外的に賦課課税方式が限定的に列挙された関税に適用されます。

■申告納税方式

　申告納税方式とは、**納付すべき税額又は当該税額がないことが、納税義務者の行う申告により確定すること**を原則とするものです。

　しかし、その**申告がない場合**、又は、その申告に係る**税額の計算が関税に関する法律の規定に従っていなかった**場合やその他当該税額が**税関長の調査したところと異なる場合**には、税関長の処分により税額が確定します。

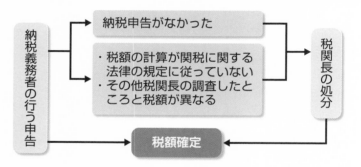

申告納税方式（図表3-23）

■賦課課税方式

　もっぱら税関長の処分により税額が確定する方式を賦課課税方式といいます。この方式により税額が確定する関税については、関税法で次のように限定的に列挙されています。

・・

①本邦に入国する者がその入国に際して**携帯して輸入**し、又は、**別送して輸入する**貨物その他これに類する貨物で政令で定める貨物に対する関税

②**課税価格20万円以下**又は**寄贈品等**に係る**郵便物に対する関税**

③**相殺関税・不当廉売関税**

④関税法又は関税定率法その他関税に関する法律の規定により、**一定の事実が生じ**

た場合に直ちに徴収するものとされている関税

⑤関税法又は関税定率法以外の関税に関する**法律の規定**により、税額の確定が賦課課税方式によるものとされている関税

⑥**過少申告加算税、無申告加算税**及び**重加算税**

・・

　なお、②にある課税価格が20万円以下の郵便貨物または寄贈品等の郵便貨物の場合は、輸入者から通常の輸入（納税）申告（関税法67条の申告）を行う旨の申し出があった場合は、申告納税方式により税額が確定します。

■**延滞税**

　法定納期限までに関税が完納されない場合には、不足分について**延滞税**が発生しますが、延滞税は、申告納税方式でも賦課課税方式でも、これらの方式の中で税額が確定するものではありません。延滞税だけは関税法の規定により、延滞が発生すると**自動的に延滞税額が確定**します。

 次の問いに○か×で答えなさい。

❶輸入された課税価格が30万円以下の郵便物については、輸入者から関税法67条の申告を行う旨の申し出があった場合を除き、当該郵便物の関税は賦課課税方式で確定する。

❷申告納税方式とは、納税義務者の申告により税額が確定することを原則とするもので、関税額の確定の原則的な方式である。

Answer

❶ ✕　輸入された課税価格が30万円以下ではなく、**20万円以下**の郵便物については、輸入者から通常の輸入（納税）申告（関税法67条の申告）を行う旨の申し出があった場合を除き、当該郵便物の関税は賦課課税方式で確定します。なお、20万円を超えたものの場合は、寄贈品等を除き、申告納税方式により税額が確定します。

❷ ○ 申告納税方式とは、納税義務者の申告により税額が確定することを原則とするものです。また、この方式は関税額の確定の原則的な方式です。

⒅納税義務者

関税を納税する義務のある者を納税義務者といいます。

納税義務者が誰になるかは、関税法等の関税に関する法律で定められています。

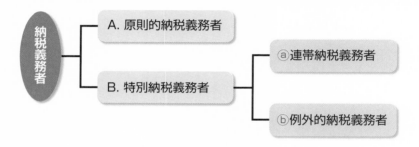

納税義務者の体系（図表3-24）

A. 原則的納税義務者

　関税法では、「関税法又は関税定率法その他関税に関する法律に別段の規定がある場合を除くほか、貨物を輸入する者がこれを納める義務がある」と定めています。通常、**輸入者が納税義務者**になります。

B. 特別納税義務者

　特別納税義務者は、ⓐ**連帯納税義務者**とⓑ**例外的納税義務者**に分けることができます。

ⓐ連帯納税義務者

　これは、本来納税義務のある者と**連帯**して**納税義務を負う者**をいいます。これには、①**通関業者の補完的納税義務**、②**総合保税地域の貨物の管理者の連帯納税義務**があります。

　ここでは、通関ビジネス実務検定™の出題範囲である通関業者の補完的納税義務について、どのような場合に発生するかをお話ししましょう。

通関業者の補完的納税義務

次の要件に該当するとき、通関業者は、通関業務の委託を受けた貨物に係る関税について、当該貨物の**輸入者と連帯して納税義務**を負うことになります。

ア）輸入の許可、又は、輸入の許可前における貨物の引取りの規定により税関長の承認を受けて引き取られた貨物について、**納付された関税額に不足額があった場合**であること。

イ）当該許可又は承認の際、その貨物の**輸入者とされた者の住所及び居所が明らかでない場合**、又は、その者がその貨物の**輸入者でないことを申し立てた場合**であること。

ウ）かつ、その貨物の輸入に際してその通関業務を取り扱った通関業者が、**その通関業務の委託をした者を明らかにすることができなかった**場合。

これらの3要件にすべて該当するときは、通関業務を受託した通関業者は、輸入者とともに**連帯納税義務**を負います。この規定がないと、本来の納税義務者である輸入者が不明の場合、関税を徴収できなくなります。このような事態を避けるため、3要件にすべて該当するときには、通関業者にも納税義務を課することにしたのです。もちろん、通関業者が関税を納付したあとで輸入者が明らかになった場合は、通関業者は、納付した関税相当額等を輸入者に請求することになります。通関業者は、このような事態を回避するためにも、顧客の与信管理が重要になります。

ⓑ**例外的納税義務者**

原則的納税義務者である輸入者以外が納税義務者になる場合を**例外的納税義務者**といいます。

例えば、保税蔵置場にある外国貨物が亡失した場合、当該貨物の輸入者が納税義務を負うのではなく、**保税蔵置場の許可を受けた者が納税義務を負います**。これは**倉主責任**といいます。ただし、そうはいっても災害その他やむを得ない事情により亡失した場合は、この限りではありません。

ここでよく問題になるのが、**盗難によって亡失した場合**です。

保税蔵置場の許可を受けた者は、盗難が起きないように管理する義務があります。このような観点から見ますと、盗難は、災害その他やむを得ない事情と

はいえず、納税義務は発生することになるでしょう。

　もう1つよく問題になるのは、輸出許可を受けた貨物です。輸出許可貨物は、外国貨物です。ですから、これが亡失したときは、納税義務が発生しそうです。しかし、条文では「輸出許可貨物を除く」となっています。ですから、**輸出許可貨物が亡失した場合には、災害その他やむを得ない事情があるかないかにかかわらず、納税義務は発生しない**のです。

　また、保税運送中の外国貨物について、税関長の指定した**運送期間内に貨物が運送先に到着しないときは、保税運送の承認を受けた者**が**納税義務**を負いますが、災害その他やむを得ない場合は、この限りではありません。しかしこの場合も、盗難により亡失し、結果的に運送期間内に貨物が到着しなかった場合は、災害その他やむを得ない事情には該当しないと考えられるので、納税義務は発生します。さらに、**輸出許可貨物**は同様に除かれます。

　そのほかの例外的納税義務者としては、「輸入許可前に本邦において外国貨物を**使用・消費**したとき、**使用・消費した者**が納税義務者になる場合」、「**条件付きの減免税を受けて輸入したが、条件違反をしたとき、その者が納税義務者になる場合**」などがあります。例えば、2年間は学術研究の用に供することを条件に**特定用途免税**（関税定率法15条）の適用を受けて学術研究用品を輸入した場合で、輸入後、その貨物を**学術研究用品以外の用途に供した場合は、直ちに関税が徴収**されますが、この場合、**特定用途以外の用途に供した者や特定用途以外の用途に供するために譲渡した者が納税義務者**になります。

 **次の問いに〇か×で答えなさい。**

❶関税は、関税法又は関税定率法その他関税に関する法律に別段の規定がある場合を除き、貨物を輸入する者が納税義務を負う。

❷通関業者は、輸入通関を委託した輸入者に代わって納税義務を負うことがある。

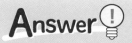

19 修正申告と更正の請求

　申告納税方式により関税額が確定する関税について、過少に申告した場合や過大に申告した場合、納税義務者はどのような手続ができるのでしょうか。

■過少に申告した場合

　例えば、納税申告額を800,000円としたところ、のちに1,000,000円が正しい関税額だと判明したとき、納税義務者は修正申告を行うことができます。

　このような、不足額についての追加納税申告を「**修正申告**」といいます。

　ところで、納税申告がされた場合、事後に税関サイドでもチェックを行います。このとき、その申告に係る税額の計算が関税に関する法律の規定に従っていなかった場合、その他当該税額が税関長の調査したところと異なり過少である場合には、税関長は**更正**という処分を行います。

■修正申告を行うことができる期間

　修正申告は、**税関長の更正があるまでの間**、行うことができます。例えば先ほどの例ですと、800,000円と申告したのち、税関の調査で200,000円不足しているという更正処分がされたとします。更正処分により税額は確定します。確定してから納税義務者がさらに修正申告をしても意味がありません。

　ただしこの場合、納税義務者がさらに400,000円の不足があることに気づいたとしましょう。正しい税額は1,400,000円だというわけです。この不足分の400,000円についての**税関長の更正はまだ行われていませんから、修正申告を行うことができ**

ます。この修正申告で関税額が確定します。つまり、税関長の更正があるまでの間、修正申告ができるのです。

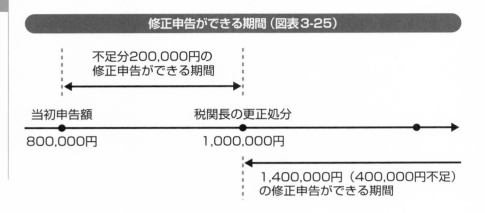

修正申告ができる期間（図表3-25）

不足分200,000円の
修正申告ができる期間

当初申告額　　　　　　　　税関長の更正処分

800,000円　　　　　　　　1,000,000円

1,400,000円（400,000円不足）
の修正申告ができる期間

■過大に申告した場合

　税額を過大に申告した場合には、納税義務者が修正申告を行うことはできません。この場合は、税関長に更正を行うことを要求する手続をとります。例えば、税額が800,000円であるにもかかわらず、8,000,000円と申告してしまった場合、すでに納税申告によって確定した税額である8,000,000円を、本来の納付するべき税額である800,000円に更正してもらう必要があります。そうしないと、8,000,000円の納税義務が発生したままになり、とんでもない事態になります。そこで、800,000円に減額する「更正の請求」を税関長に行う必要があるのです。

　注意したいのは、修正申告と異なり、更正の請求を行っても関税額は確定しないということです。税関長が更正処分を行って初めて、減額された税額が確定します。

■更正の請求が可能な期間

　通常、更正の請求は、輸入許可があるまで、又は、輸入許可後であれば輸入許可の日から5年以内であれば行うことができます。

修正申告と更正の請求（図表3-26）

 次の問いに○か×で答えなさい。

❶過少に納税申告した場合、納税申告を行った者は、税関長の更正があるまで
の期間、修正申告を行うことができる。

❷過大に納税申告した場合、納税申告を行った者は、修正申告を行うことがで
きる。

Answer

❶ ○ 過少に納税申告を行った場合は、**税関長の更正**があるまでの間、修正申告
を行うことができます。

❷ × 過大に納税申告した場合は、税関長に対し修正申告ではなく、**更正の請求**
を行うことができます。

20 附帯税

　関税法には、附帯税が定められています。この附帯税とは、いわゆるペナルティ
として課される関税で、本税に附帯して課されます。**附帯税には、延滞税・過少申
告加算税・無申告加算税・重加算税の４つがあります。**

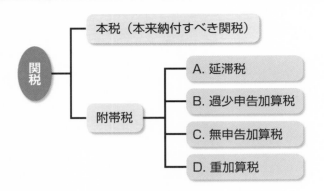

本税と附帯税（図表3-27）

A. 延滞税

　延滞税は、**法定納期限までに関税が完納されない場合**等に課される関税です。延滞税は、次の計算式により計算されます。

延滞税の計算（図表3-28）

$$延滞税額 = \begin{array}{c} 法定納期限までに \\ 納付されていない \\ 関税額 \end{array} \times 延滞税率 \times \dfrac{延滞日数}{365}$$

※延滞税率（毎年変動）
　2021（令和3）年の例：**2.5%**（納期限の翌日から2ヵ月を経過した日以後の税率は8.8%）

　延滞税率は、現在は、**関税法附則によって銀行の平均貸付割合を基準にして決定されます**ので、**毎年変動**します。ちなみに2021（令和3）年の延滞税率は2.5%です。また、納期限の翌日から2ヵ月を経過した日以後の延滞税率は8.8%になります。

　例えば、修正申告をした場合、修正申告の日が納期限になりますので、その日の翌日から2ヵ月経過した日以後の延滞税率は8.8%になるというわけです。

B. 過少申告加算税

　本税について**過少申告した場合に課されるペナルティ税**です。具体的には、**納税義務者から修正申告があった場合**や、**税関長が増額更正を行った場合**に課されるものです。この過少申告加算税は、賦課課税方式により税額が確定します。つまり、もっぱら税関長が税額を確定します。この処分を**賦課決定処分**といっています。

　過少申告加算税の税率は、修正申告又は増額更正によって新たに納付すべき税額（増差税額といいます）に対して**10%**です。なお、一定の条件を満たす場合には、さらに加算がされる場合もあります。

C. 無申告加算税

　納税申告を行う必要があるのに申告を行わなかった場合にペナルティとして課されるものです。具体的には、特例申告の例をとるとわかりやすいでしょう。特例輸入者は、輸入申告と、納税申告である特例申告とを分離して行うことができます。特例申告は、**輸入許可の日の属する月の翌月末日までに行う必要があり**ました。この場合、特例申告をしなかった場合はどうなるでしょう。これがまさに**無申告**にあたるわけです。このような場合、税関長は**無申告加算税**を賦課決定できるのです。

　無申告加算税の税率は、納付すべき関税額の**15%**です。また、納付すべき税額が50万円を超えるときは、さらに税率が加算されます。

D. 重加算税

　過少申告加算税や無申告加算税の賦課対象になった場合で、これらの加算税の計算の基礎となるべき税額について**全部又は一部に隠ぺい又は仮装の事実があった場合**には、その隠ぺい又は仮装に係る部分について**過少申告加算税や無申告加算税に代わって**さらに重いペナルティである**重加算税**が賦課されます。

　「隠ぺい」「仮装」とは、例えば、仕入書の改ざん、契約書などの改ざん、原産地証明書の虚偽申請などの行為をいいます。

　重加算税の税率は、過少申告加算税に代わって賦課される場合は**35%**、無申告加算税に代わって賦課される場合は**40%**です。

 次の問いに〇か×で答えなさい。

❶過少に納税申告した場合には、延滞税が課される。

❷過少申告加算税の賦課対象になった場合で、加算税の計算の基礎となるべき
　税額について隠ぺいの事実があった場合は、過少申告加算税とともに重加算
　税が賦課される。

Answer

❶ ○　過少に申告した場合は、輸入許可の日の翌日から不足分を納付するまでの
　期間、延滞税が課されます。また、過少申告加算税も課されます。

❷ ×　過少申告加算税の賦課対象になった場合で、加算税の計算の基礎となるべ
　き税額について隠ぺいの事実があった場合は、その隠ぺいに係る部分について
　過少申告加算税に代わって重加算税が賦課されます。

通関関連実務を
突破する方法

　この部では、第Ⅲ部で学んだ通関関連法務を基
礎に、具体的な通関実務の知識を学びます。

　まずは、貿易の全体的な流れ、信用状やインコ
タームズ2020の基礎知識を学び、「森」を見てい
ただきます。そのうえで、通関実務という「枝」を
学んでいただきます。

　課税価格の計算、HSコード、税率の選択、輸出
統計品目表や実行関税率表の見方、税額の計算な
ど、すべて実務に直結した知識です。通関ビジネス
実務検定™でも中心的な科目ですので、通関実務
の基礎知識をしっかり学習してください。

①貿易取引の流れ（輸出）

■輸出の流れ

輸出は、売買契約の締結から貨物の船積み、代金の回収までがその流れです。図表4-1を見ながらお話しします。

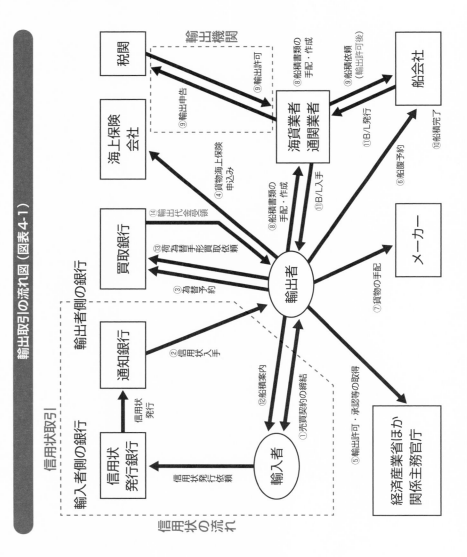

輸出取引の流れ図（図表4-1）

（説明）

①売買契約の締結

輸出者と輸入者は、売買契約を結びます。

②信用状の受領

輸出者は、輸入者の取引銀行の信用状を、輸出国の通知銀行を経由して受け取ります。

③為替買予約

輸出者は船積完了後、荷為替手形を振り出して買取銀行に買取依頼を行いますが、為替変動に備えてあらかじめ為替予約をしておきます。この場合、ドル建ての手形を買い取ってもらうので、買予約をします。

④貨物海上保険の申込み

CIF契約等の場合、輸出者が貨物海上保険を付保し、保険料を負担します。

⑤輸出許可・承認等の取得

関税法70条に基づいて、例えば外為法・輸出貿易管理令で規定する輸出承認など他法令の規定に基づく許可や承認その他行政機関の処分が必要な場合、取得をします。

⑥船腹予約

輸出者は、船会社に船腹予約（スペース・ブッキング）を行います。

⑦貨物の手配

輸出者が商社の場合、輸出する商品をメーカーから調達します。

⑧船積書類の手配・作成

輸出者は、通常、通関・船積みを海貨業者・通関業者に依頼します。この場合、輸出者は、インボイスや依頼作業内容等を記載したシッピング・インストラクション（Shipping Instructions）を海貨業者・通関業者に渡します。海貨業者・通関業者はこれらを基に、輸出通関に必要な書類を作成します。

⑨輸出通関・船積依頼（海貨業者・通関業者）

海貨業者・通関業者は輸出通関手続を行い、税関長から輸出許可を受けます。輸出許可後、船積依頼を行い船積みをします。

⑩船積完了

無事、船積みが完了しました。

⑪B/L入手

　船積みが完了すると船会社は、B/L（船荷証券）を発行します。輸出者は、海貨業者・通関業者を通じてB/Lを入手します。

⑫船積案内

　輸出者は、船積みが完了した旨を輸入者に通知します。

⑬荷為替手形の買取依頼

　輸出者は、為替手形にインボイス、船荷証券（B/L）、海上保険証券など信用状条件に合致した船積書類を添付して、取引銀行である「買取銀行」に買取りを依頼します。この、船積書類が添付された為替手形のことを荷為替手形と呼んでいます。為替手形の振出金額は、輸出代金相当額です。

⑭荷為替手形の買取り（輸出代金の受領）

　買取銀行は荷為替手形を買い取ります。そして、振出金額から買取手数料等が差し引かれ、輸出者に買取金額が支払われます。

※実際には、この流れは前後したり同時並行で進められるものもあります。

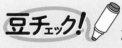　次の問いに〇か×で答えなさい。

❶信用状取引の場合、輸出者は、信用状を入手する前に通関業者に輸出通関の依頼を行う必要がある。

❷輸出者が海貨業者に船積みを依頼する場合は、シッピング・インストラクションを作成し、委託する業務内容を明確に指図する必要がある。

Answer

❶ ×　通関業者への通関手続の依頼は、信用状を入手してからの手続です。

❷ 〇　輸出者が海貨業者に船積みを依頼する場合は、シッピング・インストラクションを作成し、委託する業務内容を明確に指図する必要があります。

② 貿易取引の流れ（輸入）

　輸入取引の流れは、売買契約の締結から輸入者が輸入貨物を引き取るまでの一巡です。

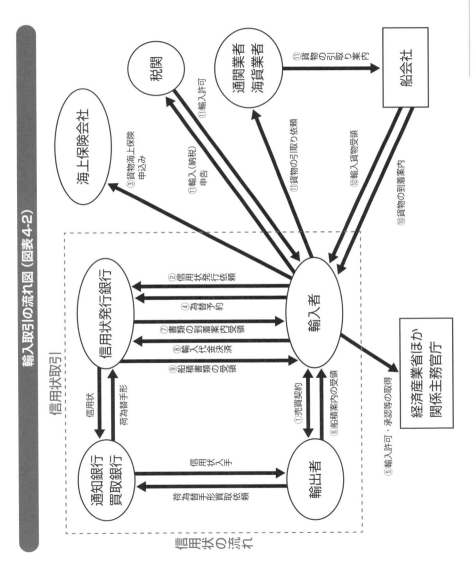

輸入取引の流れ図（図表4-2）

（説明）

①売買契約の締結

輸入者と輸出者の間で、信用状決済の条件の売買契約が締結されます。

②信用状の発行依頼

輸入者は、取引銀行に信用状の発行依頼をします。

③貨物海上保険の申込み

FOB条件等の場合、輸入者が仕出港から仕向港までの保険を付保し、保険料を負担します。

④為替売予約

輸入者は、輸出者が振り出した外貨建ての荷為替手形を決済するため、為替リスクに備え為替予約を行います。この場合、外貨建ての為替手形を決済するので、輸入者から見れば外貨を買うことになります。逆に銀行から見れば、外貨を売ることになります。為替予約は、銀行から見て売りになるのか買いになるのかにより買為替か売為替かを判断します。この場合は外貨を売ることになるので、売予約をします。

⑤他法令に基づく輸入許可・承認等の取得

輸入をするにあたって関税法その他関税に関する法令以外の法令（例えば、外為法・輸入貿易管理令、食品衛生法など）による許可、承認その他の行政機関の処分が必要な場合には、申請などを行い許可・承認等を取得します。

⑥船積案内の受領

輸出者から船積みが完了した旨が輸入者宛てに通知されます。

⑦書類の到着案内受領

信用状発行銀行から船積書類一式が到着した旨の案内が届きます。

⑧輸入代金決済

輸入者は、信用状発行銀行から呈示された荷為替手形を決済します。これで輸入代金の決済は完了です。

⑨船積書類の入手

輸入代金の決済が完了すると、銀行から船荷証券（B/L）等の船積書類が交付されます。

⑩貨物の到着案内

船会社から輸入者に貨物が到着した旨の連絡が入ります。

⑪貨物の輸入通関手続・引取り依頼（通関業者・海貨業者へ）

　船積書類を入手したら、輸入通関（税関長への輸入〈納税〉申告から輸入許可までの手続）と貨物の引取りを通関業者・海貨業者に依頼します。この際、輸入作業依頼内容を記入した書面（通関業者・海貨業者により書式名称などは異なる）を通関業者・海貨業者に渡すとともに、船荷証券（B/L）などの船積書類を渡します。また、通関上、注文書、カタログ、運賃明細書、保険料明細書などの書類、その他原産地証明書や他法令による許可書、承認書などが必要になる場合は、これらの書類も渡します。

⑫輸入貨物受領

　輸入者は、税関長の輸入許可を受け、貨物を受領します。

※実際には、この流れは前後したり同時並行で進められるものもあります。

 次の問いに〇か×で答えなさい。

❶他法令による許可や承認が必要な貨物を輸入する場合は、税関長に輸入（納税）申告を行う前に、他法令による許可や承認を受けておく必要がある。

❷輸入通関手続を通関業者に依頼するときには、輸入作業依頼内容を記入した書面を渡すので、インボイスを渡す必要はない。

Answer

❶ 〇　他法令による許可や承認が必要な貨物を輸入する場合は、税関長に輸入（納税）申告を行う際に、許可や承認を受けていることを証明する必要があることから、輸入（納税）申告前に他法令による許可や承認を受けておく必要があります。

❷ ×　インボイスは、例えば、貨物の内容の把握や課税価格を決定するうえでも重要な書類であるため、通関手続を依頼した通関業者に渡す必要があります。

3 貿易取引の種類

1. いろいろな貿易取引

　商取引の場面では、様々な要請に応える必要があります。そのため、貿易取引においても様々な取引形態が工夫され、生まれてきました。

2. 主な貿易取引の種類

A. 直接取引と間接取引

　直接取引とは、商社や流通業者を介さずに、製品の小売業者等の輸出入者が直接、海外の業者と取引する形態をいいます。

　間接取引とは、通常は商社を介して行う貿易形態をいいます。

　それぞれにメリット・デメリットがあるので、それらを比較して、いずれの形態で取引を行うか判断する必要があります（図表4-3参照）。

貿易取引の形態とメリット・デメリット（図表4-3）

取引形態	メリット	デメリット
直接取引	・価格や取引条件を直接交渉できる ・間接マージンを省くことができる	・品質や納期などのリスクを負担 ・取引数がまとまらない場合、スケールメリットが期待できない
間接取引	・商社の豊富な情報や経験を利用できる ・価格、品質や納期で有利な場合がある ・リスクの負担が軽減される ・資本力が小さい事業者の場合、商社の信用を活用することができる	・価格や取引条件を直接交渉することができない ・間接マージンを支払う必要がある

B. 並行輸入

　並行輸入とは、ブランドの製造国または第三国の販売店などを経由して、真正品を輸入する手法をいいます。

　通常、海外の「ブランド品」と呼ばれる商品は、輸入総代理店などの総輸入元が一手に輸入する権利を販売元から買い、他の事業者は輸入できないようになっ

ています。

　他方、ブランドの名声や信用などの価値を損なわず、販売元に不利益を与えないことを条件に、総輸入元を介さずに輸入することが認められており、並行輸入が可能となります。

C. 委託加工貿易

　委託加工貿易とは、海外の受託者に原材料や部品を提供し、加工・組立て等を行わせた製品を輸入する形態をいいます。

　受託者側から見ると**順委託加工貿易**となり、委託者側から見ると**逆委託加工貿易**になります（図表4-4参照）。

委託加工貿易の流れ（図表4-4）

D. OEM輸入

　OEM輸入とは、海外のメーカーが製造した製品を、別企業が自社のブランド品として販売するために、自社のロゴをつけて生産してもらった製品等を輸入する形態をいいます。製品自体は海外メーカーのオリジナル品になります。

E. 仲介貿易

　仲介貿易とは、海外の企業同士の貿易を日本の事業者が仲介する形態をいいます。日本の事業者は海外の輸出者・輸入者の間に入り、それぞれと売買契約を締結し、商品である貨物は海外の輸出者から輸入者へ、直接輸送されます（図表4-5参照）。

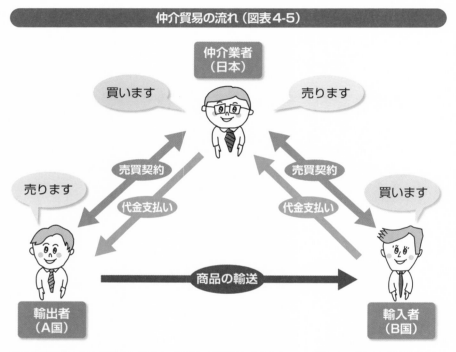

仲介貿易の流れ（図表4-5）

※仲介業者がA国から日本に輸入してB国へ再輸出する代わりに、A国からB国へ直接輸出することにより、時間と輸送コストを削減することができます。

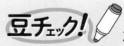 次の問いに○か×で答えなさい。

❶委託加工貿易とは、海外の受託者に原材料や部品を提供し、加工・組立て等を行わせた製品を輸入する形態をいう。

❷仲介貿易では、輸出者と輸入者の間で直接、売買契約が締結される。

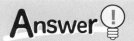

❶ ○ 　委託加工貿易とは、海外の受託者に原材料や部品を提供し、加工・組立て等を行わせた製品を輸入する形態をいいます。

❷ ✕ 　仲介貿易では、仲介事業者が海外の輸出者・輸入者の間に入り、それぞれと売買契約を締結するため、輸出者と輸入者の間で売買契約を直接締結することはありません。

---

4 信用状取引

1. 信用状の役割

　輸出者は商品を揃えて出荷した時点で代金を得たいと考え、一方、輸入者は手元に届いた商品を確認した時点で代金を支払いたいと考えるのが一般的です。しかし、海を渡る貿易取引ではどうしても両者に隔たりができてしまうため、代金未払い・遅滞のリスク、代金を支払ったのに契約どおりの商品が届かないリスクを回避する手立てが必要になります。このようなリスクを回避する役割を果たすのが、銀行が間に入った形で行う**信用状取引**です。銀行は、輸入者の申込みに基づき信用状（Letter of Credit：L/C）を発行します。

　信用状とは、**信用状発行銀行**（輸入者の取引銀行）が、輸出者が信用状に記載の条件どおりに船積みし、その旨を銀行に呈示することを条件に、輸入者に代わって**代金を支払うことを確約**した**保証状**のことです。

　輸出者は、**荷為替手形**（船荷証券、インボイス、海上保険証券等の船積書類を添付した為替手形）の買取りという形で、船積みと同時に銀行から代金の支払いを受けることができます。万が一、輸入者が倒産しても、銀行が代金の支払いを確約してくれているため、輸出者は**代金回収と資金負担のリスクを回避**することができます。一方、輸入者は、商品が期日どおりに出荷され、貨物の受取りに必要な書類を呈示するよう、信用状に記載することで、**商品入手に係るリスクを回避**することができます。

2. 信用状取引の流れ

　具体的な信用状取引の流れを、日本に商品を輸入する例で見ていきましょう。

信用状取引の流れ（図表4-6）

Step1　信用状の発行

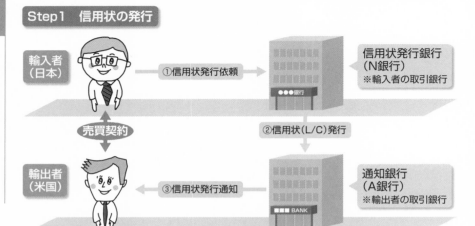

Step2　商品の出荷から受取りまで

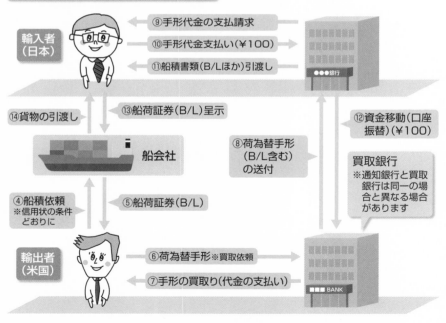

※荷為替手形は為替手形＋船積書類（B/L含む）

図表4-6を見ながら、信用状取引の流れをお話ししましょう。

①輸入者は売買契約の条件に従って、取引先のＮ銀行に信用状の**発行**を**依頼**します。

②Ｎ銀行は輸入者の信用状況を確認し、問題がなければＡ銀行（輸出地の銀行）に宛てて**信用状**を**発行**します。

③信用状の発行を受けたＡ銀行は、**信用状の真偽**を確認し、輸出者に対して、信用状の通知・交付をします。

④輸出者は**信用状の条件**（品質・数量・納期等）どおりに商品を調達し、発送します。

⑤輸出者から船積みの依頼を受けた船会社は、**船荷証券（Bill of Lading：B/L）**を輸出者に対し交付します。

⑥輸出者は荷為替手形を振り出し、⑤の船荷証券を含めた船積書類と併せてＡ銀行に**買取り**を依頼します。

⑦Ａ銀行は、信用状の条件と船積書類記載内容に相違がないか確認し、両者に不一致がなければ**買い取ります**（立替払い）。

⑧Ａ銀行は買い取った荷為替手形をＮ銀行に送付します。

⑨Ｎ銀行は輸入者に対し、Ａ銀行が輸出者に支払った**手形代金の支払い**を請求します。

⑩輸入者は手形代金を**支払います**。

⑪Ｎ銀行は手形代金の支払いを受け、貨物の引取りに必要な船荷証券を含む**船積書類を輸入者**に引き渡します。

⑫Ｎ銀行は、輸入者から回収した手形代金をＡ銀行に対し送付します（**口座振替**）。

⑬輸入者は船会社に対し、**船荷証券**を呈示します。

⑭船荷証券の呈示を受けた船会社は**貨物**を**引き渡し**ます。

3. 荷為替手形の見方

　信用状取引に出てくる**荷為替手形**について、もう少し詳しく見ていきます。輸出者は船積みが終了すると、輸出代金を回収するために荷為替手形を振り出し（為替手形を作成すること）、買取銀行に持ち込みます。

　荷為替手形は郵送中の紛失に備え、第1券（First Bill）、第2券（Second Bill）の2通1組の組手型で振り出されます。いずれか**一方の手形で有効な支払い**がなされれば、他方は無効になります。

■荷為替手形の記載事項

①手形番号

②手形金額を数字で表記

　②′ 数字の改ざんを防止するため、手形金額を文字で表記

③手形振出地

④手形振出日

⑤支払期日：支払いまでの猶予期間を記載

　※30日の猶予を与える場合は「At」のあとに**30 days after**と記載

　※一覧払い（手形の支払人が手形を一覧したときに手形代金を支払う）の場合は、

　　図表4-7のように「At＿＿＿＿＿sight」の下線部分に××××××とタイプし、

　　「At sight」と直結して表記

⑥「Pay to」のあとに受取人名（買取銀行）を記載

⑦最終支払人（輸入者）名・住所

⑧信用状発行銀行名（信用状取引の場合）

⑨信用状番号及び信用状発行日（信用状取引の場合）

⑩名宛人（支払人）及び住所（支払地）

　※支払人が銀行のときは、住所は番地まで書かなくても特定できるため、銀行名

　　と都市名まで記載すれば足りる

　※名宛人（支払人）欄は信用状の要求に応じて明記

　　信用状の要求が……Drawn on us　＝　信用状発行銀行

　　　　　　　　　　……Drawn on ○○Bank　＝　○○銀行

⑪振出人（輸出者）名及び署名

BILL OF EXCHANGE

① No. 12345   ①手形番号

② For   US$100,000.00   ②手形金額

③手形振出地　　　　④手形振出日

③New York　　　　④ November 12, 20XX
　Place　　　　　　　　Date

⑤支払期日

⑤ At   XXXXXXXXXXXXXXXXXXXXXX   sight of this **FIRST** bill of Exchange (Second of the same tenor

⑥受取人名(買取銀行)を記載

and date being unpaid) Pay to _____ ⑥ THE BANK OF ●●●●●, LTD. _____ or order the sum of

②' Dollars Hundred Thousand only in U.S. Currency   ②'手形金額を文字で表記

⑦最終支払人(輸入者)名・住所

Value received and charge the same to account of   ⑦ Tokyo Corporation, 1-2 Otemachi 3-chome, Chiyoda-ku

Tokyo 100-004 Japan

⑧信用状発行銀行名(信用状取引の場合)

⑧ Drawn under   The Bank of ▲▲▲▲▲, Ltd., Tokyo, Japan

⑨信用状番号及び信用状発行日(信用状取引の場合)

⑨ Credit No.   BN-12/0123   dated   October 1, 20XX

⑩名宛人(支払人)及び住所(支払地)

⑩ To: The Bank of ▲▲▲▲▲, Ltd.
　　　　Otemachi Chiyoda-ku,Tokyo
　　　　Japan

⑪振出人(輸出者)名及び署名

⑪　　ABC Trading Co., Ltd.

　　　Signed

　　　　　　　Authorized Signature

＜ 荷 為 替 手 形 の 要 旨 ＞

手形番号 12345
手形金額 US$100,000.00-

ニューヨーク 20XX年11月12日

一覧払い(At sight)であるこの第1券の為替手形(第2券が未払いの場合)十万米ドルを(輸出者は)既に対価を受領済みにつき、●●●●●銀行にお支払い願いたい。同額を東京株式会社(輸入者・住所)、に要求されたい。また、この手形は▲▲▲▲▲銀行大手町支店、20XX年11月12日発行、取消不能信用状番号BN-12/0123に基づき振出されている。

名宛人:▲▲▲▲▲銀行大手町支店

振出人:ABC貿易会社

次の問いに〇か✕で答えなさい。

❶荷為替手形とは、船荷証券、インボイス、海上保険証券等の船積書類が添付された為替手形のことである。

❷貿易取引に係る商品の代金の支払いを信用状により保証するのは、買取銀行である。

Answer 💡

❶ ○　荷為替手形とは、船荷証券、インボイス、海上保険証券等の船積書類が添付された為替手形のことです。

❷ ×　商品の代金の支払いを信用状により保証するのは、信用状発行銀行です。買取銀行は、輸出者から荷為替手形を買い取る銀行をいいます。

5 2020年版インコタームズ

1. インコタームズの意義

インコタームズとはInternational Commercial Termsの略称で、国際商業会議所（ICC）が制定した、取引条件（Trade Terms）の解釈基準です。インコタームズは売主（輸出者）と買主（輸入者）との間で、費用負担の範囲と、危険負担の範囲を、アルファベット3文字で記号化して表したものです。

費用負担に合わせて危険負担も移転するのが原則ですが、後述する「C類型」では費用負担と危険負担の範囲が異なります。

負担とは（図表4-8）	
費用負担	輸出地でのコスト（商品代＋梱包費＋輸出地運送費＋通関諸掛等）、国際間輸送運賃・保険料、輸入地での通関諸掛・運送費など
危険負担	貨物に事故が起きた場合、その金銭的負担を誰が負うか

2. インコタームズが定める取引条件

最新の2020年版インコタームズでは、E、F、C、Dの4類型に分類された**2規則11条件**が定められています（図表4-9、図表4-10参照）。

■2規則

⑴ **いかなる単数または複数の輸送手段にも適した規則**

※複合輸送も対象とします。

(2) 海上及び内陸水路輸送のための規則

※輸送手段を船舶に限定した規則です。

4分類（図表4-9）

E類型	売主の指定施設（工場、倉庫等）での引渡し条件
F類型	輸出地で船側、本船または買主の指定した運送人への引渡し条件
C類型	売主が輸入地まで運賃や保険料を負担するが、輸出地で危険負担が移転する条件
D類型	売主が目的地までの費用と危険を負担する条件

11類型（図表4-10）

規則	類型	条件	英語での呼称	日本語での呼称	運送手段
(1)	E	EXW	Ex Works	工場渡し条件	海・空・陸
	F	FCA	Free Carrier	運送人渡し条件	
	C	CPT	Carriage Paid To	輸送費込み条件	
		CIP	Carriage and Insurance Paid To	輸送費・保険料込み条件	
	D	DAP	Delivered At Place	仕向地持込み渡し条件	
		DPU	Delivered At Place Unloaded	荷卸し込持込み渡し条件	
		DDP	Delivered Duty Paid	関税込持込み渡し条件	
(2)	F	FAS	Free Alongside Ship	船側渡し条件	船
		FOB	Free On Board	本船渡し条件	
	C	CFR	Cost and Freight	運賃込み条件	
		CIF	Cost, Insurance and Freight	運賃・保険料込み条件	

※(1) いかなる単数または複数の輸送手段にも適した規則
　(2) 海上及び内陸水路輸送のための規則
※海…コンテナ船による輸送　船…在来船による輸送

インコタームズは10年ごとに改訂されており、過去の2010年版、2000年版……も存在しますが、貿易取引において、何年版を使用するかは当事者の自由なので、契約書では何年版のインコタームズを用いるかを明示します。

また、インコタームズは**貨物の所有権の移転については定めていません**ので、所有権移転の時点は契約で明確にする必要があります。

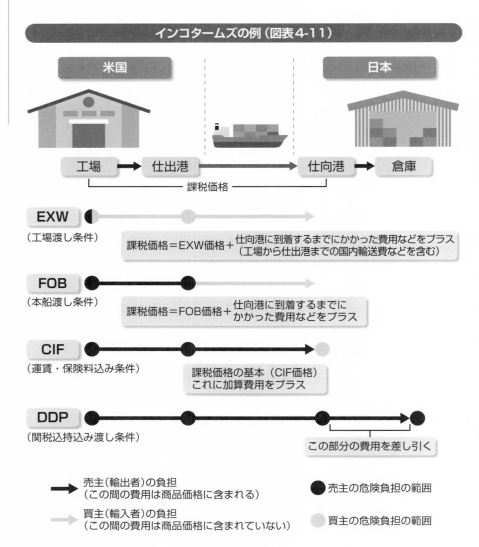

インコタームズの例（図表4-11）

EXW
（工場渡し条件）

課税価格＝EXW価格＋仕向港に到着するまでにかかった費用などをプラス
（工場から仕出港までの国内輸送費などを含む）

FOB
（本船渡し条件）

課税価格＝FOB価格＋仕向港に到着するまでにかかった費用などをプラス

CIF
（運賃・保険料込み条件）

課税価格の基本（CIF価格）
これに加算費用をプラス

DDP
（関税込持込み渡し条件）

この部分の費用を差し引く

売主（輸出者）の負担
（この間の費用は商品価格に含まれる）

買主（輸入者）の負担
（この間の費用は商品価格に含まれていない）

● 売主の危険負担の範囲

● 買主の危険負担の範囲

■EXW：工場渡し条件

輸出地の指定場所で貨物の引渡しを行います。引渡しとともに危険負担が売主から買主に移転し、以降、輸送等の費用を買主が負担します。

■FOB：本船渡し条件

仕出港に停泊している**買主が指定した**本船上に売主が貨物を置いた時点で引渡しが完了し、危険負担も移転します。仕出港からの輸送費等を買主が負担します。

■CIF：運賃・保険料込み条件

売主が指定した本船上に売主が貨物を置いた時点で引渡しが完了し、危険負担も移転します。海上運賃、輸出通関と保険料を含め、貨物が仕向港に到着するまでの費用を売主が負担します。

CIF価格は課税価格の基本となる価格です。

■DDP：関税込持込み渡し条件

売主が輸入国での輸入通関と輸入税納付を行い、輸入地の指定場所に貨物を持ち込んだ時点で引渡しが完了し、売主が引渡しまでの費用と危険を負担します。課税価格はDDP価格から仕向港以降の費用を差し引きます。

 次の問いに〇か×で答えなさい。

❶貿易取引では常に最新版のインコタームズを使用しなければならない。

❷インコタームズでは、費用負担と所有権の移転について定めている。

Answer

❶ ×　インコタームズを使用する・しない、また使用する場合に何年版のインコタームズを使用するかは、当事者で自由に決めることができます。

❷ ×　インコタームズでは、費用負担と危険負担の範囲について定めています。

⑥インボイス

1. インボイスの役割

　インボイス（Invoice：IV）は関税法上では「**仕入書**」と呼ばれます。輸出者が輸入者宛てに送る貨物の**出荷案内書**であり、**輸出明細書**、**代金請求書**、ときには**梱包明細書**の役割を担う書類です。また、輸入の場合、外国の輸出者から送られるインボイスは、関税等の輸入税を計算する際に重要な資料になります。

　図表4-12のインボイスは、日本から輸出する場合の例です。インボイスの形式は決められてはいませんが、この形式でどんなことが記載されているかを見てみましょう。

2. インボイスの記載事項（輸出の場合）

①輸出者名（インボイスの作成者名）

②インボイスの作成日

③インボイス番号（パッキングリストと同じ番号）

④輸入者名

⑤支払い条件

⑥信用状番号及び発行日

⑦信用状発行銀行

⑧本船名（「Shipped Per」と記載される場合もある）、出港予定日

⑨船積港

⑩荷揚港

⑪商品名（インボイス上の商品名は信用状と一致する必要がある）

⑫建値（通貨や値段に関する貿易条件）

　※建値はインコタームズ条件で記載されることが一般的

⑬輸出者の署名

INVOICE

① 輸出者名
① **ABC Trading Co., Ltd.**
1-2 Otemachi 3-chome, Chiyoda-ku
Tokyo 100-0004 Japan
Tel: 81(3)1234-5678　Fax: 81(3)1234-5789

② Date　February 28, 20XX　②インボイスの作成日
③ Invoice No.　NYP-001-23　③インボイス番号
Ref. No.

④ 輸入者名
④ Buyer
New York Papercrafts Corp.
123 Cedar Street, New York, NY　10018
U.S.A.

⑤ Payment Terms　⑤支払い条件
Irrevocable Letter of Credit
at Sight in Our Favor

⑥ L/C No.　　Date　⑥信用状番号
BN-12-0123　　Jan. 25, 20XX　及び発行日

⑧ 本船名、
出港予定日
⑧ Vessel or　On or about
Friendship　Voy. 447E　March 8, 20XX

⑦ Issuing Bank　⑦信用状発行銀行
The Bank of New York, Ltd.
12 Wall Street, New York, NY
U.S.A.

⑨ 船積港
⑨ From　Via
Tokyo, Japan

⑩ 荷揚港
⑩ To
New York, U.S.A.

Remarks

Marks & Nos.	Description of Goods	Quantity	Unit Price	Amount
	⑪商品名		⑫建値	
	⑪ Paper Articles		⑫ CIF New York in US$	
	Kraft Paper in Roll, KP-227 Bleached, 50 x 800cm/roll	1,000 rolls	US$10.00/roll	US$10,000.00
	Japanese Washi Paper, JW-099 Unbleached, 150 x 80cm/sheet	4,200 sheets	US$20.00/sheet	US$84,000.00
	Graphic Paper in Roll, GP-714 Coated with China Clay 100 x 500cm/roll	500 rolls	US$12.00/roll	US$6,000.00
TOTAL:			CIF New York	US$100,000.00

⑬輸出者の署名
ABC Trading Co., Ltd.
⑬ Signed
Authorized Signature(s)

豆チェック！　次の問いに〇か×で答えなさい。

❶外国からの輸入取引により送られてくるインボイスのBuyerの名前、名称、住所は、外国の輸出者のものが記載される。

❷輸入取引において、インボイスは、関税等の輸入税の課税価格を計算する際の重要な資料にもなる。

Answer

❶ ✕　輸入取引の場合、外国から仕入書が送られてくるが、Seller（売手）は外国の輸出者の名前等が、Buyer（買手）は日本の輸入者の名前等が記載されています。

❷ ○　輸入の際に課税される関税等の税金の課税価格を計算する際に、重要な資料になります。

▼ HSコードと関税率

　HSコードとは、各国の関税率表の品目分類を統一して国際貿易の円滑化を図るため、**WCO（世界税関機構、本部：ブリュッセル〈ベルギー〉）**によって定められた品目番号のことです。

　これは、1988年1月1日に発効した「商品の名称及び分類についての統一システム（Harmonized Commodity Description and Coding System）に関する国際条約」（HS条約）に基づき作成されており、ほとんどの国はこの**HSコード**を使用しています。

　この条約により、同じ産物であれば世界中どこでも同一のコードを用いることができます。なお、このHSコードは、技術革新及び社会要請などを反映して**5年**ごとに改定されています。

■ HSコードの品目分類

　HSコードの構造を見ると、HS品目表は、大分類として**21の「部」**に分かれ、そして、さらに**97の「類」**に分けられています。

　このうち**第77類**は、将来発生する可能性に備えて留保され**欠番**になっています。

　全97類は、大雑把にいうと次のように分類されています。

. . . .

第 1 類から第24類まで：農水産品

第25類から第71類まで：軽工業品

第72類から第93類まで：重工業品

第94類から第97類まで：雑品

. . . .

では、HSコードを具体的に見ていきましょう。

革製のハンドバッグの例です。

革製のハンドバックは、「**42.03.31.2103**」がHSコードです。このコードは、輸入の場合も輸出の場合も同じです。

HSコードをそのまま「HSコード」といったり、「品目コード」といったり、輸出の場合は「輸出統計品目番号」、輸入の場合は「輸入品目番号」と呼んだり様々です。

ところで、NACCSで申告をする場合、HSコードは10桁で構成されていますが、国際的に共通である部分は6桁です。この構成は、次のようになっています。

HSコードの「類」、「項」、「号」（図表4-13）

(例)「4203.31」（革製のハンドバック）		
42	(2桁)	類 (Chapter) という
42.03	(4桁)	項 (Heading) という
42.03.31	(6桁)	号 (Sub-Heading) という

図表4-13にあるように、類は2桁部分です。ですから、革製のハンドバックは**第42類**に属します。

類は第1類から第97類まであるとお話ししましたが、第1類は「生きている動物」で、第97類は「こっとう」です。火などを除いてすべての品物は、97類のいずれかに分類されます。

例えば、コーヒーは第9類、花火は第36類、じゅうたんは第57類というように分類されています。

類は、さらに**項（4桁部分）**に分けられ、それからさらに**号（6桁部分）**に分けられます。

そして、これに続く**7桁以降の「210」**は、**日本が統計をとる目的で独自に定めている統計細分**という部分です。このように**7桁以降は、各国が独自に定めることができます。最後の10桁目の「3」**は、電子情報処理システム（NACCS）を利用し申告する場合に使う**NACCS用のコード**です。したがって、NACCSを利用せずに申告するときは不要です。

　このHSコードは、「輸出統計品目表」や「実行関税率表」で調べることができます。輸入の場合は、HSコードごとに、適用される税率が記載されています。

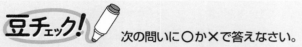

次の問いに〇か×で答えなさい。

❶HSコードは、大分類として21の「部」に分かれており、さらに95の「類」に分かれている。

❷納税申告の際、正しくHSコードを分類しないと正しい課税価格が計算できない。

Answer

❶ ×　HSコードは、大分類として21の「部」に分かれており、さらに97の「類」に分かれています。

❷ ×　HSコードを正しく分類しないと、適用される税率を正しく選択できないので、納税額を正しく計算できないことになります。

8 関税率表の解釈に関する通則

　実行関税率表や輸出統計品目表はHSコードに基づき作成されており、輸入の場合、輸入貨物が実行関税率表のどこに分類されるかを判断する必要があります。その基準が「**関税率表の解釈に関する通則**」です。なお、輸出に関しても「輸出統計品目表の解釈に関する通則」がありますが、内容は同一のものです。

　「関税率表の解釈に関する通則」は、通則1から通則6まであります。通則1から通則5は項の分類、通則6は号の分類について定めています。また、分類にあたっては、通則1が最優先され、この通則では分類できない場合、通則2➡通則3➡通則4を適用して分類していくようになっています。通則5は、楽器用ケース等の場合の分類解釈基準が定められています。

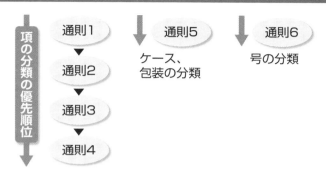

関税率表の解釈に関する通則の構成（図表4-14）

（通則1）

> 部、類及び節の表題は、単に参照上の便宜のために設けたものである。この表の適用に当たっては物品の所属は、項の規定及びこれに関係する部又は類の注の規定に従い、かつ、これらの項又は注に別段の定めがある場合を除くほか、次の原則に定めるところに従って決定する。

　関税率表の部、類及び節の表題は、**参照上の便宜**のためのものです。正確に分類するためには、**項の規定**や**部、類の注**の規定を見て分類しなければならない、ということが定められています。

　例えばサーカス用の馬は、「生きている動物」なので第1類に分類するところ、第1類の注に「第95.08項の動物（巡回サーカス、巡回動物園）の動物は除く」とあります。したがって、第1類には分類せず、第95.08項に分類することになります。

（通則2）

> (a) 各項に記載するいずれかの物品には、未完成の物品で、完成した物品としての重要な特性を提示の際に有するものを含むものとし、また、完成した物品（この2の原則により完成したものとみなす未完成の物品を含む）で、提示の際に組み立ててないもの及び分解してあるものを含む。

　この通則の「**提示の際**」というのは、「**輸入申告の際**」のことです。例えば、輸入申告の際に「弦が張られていないバイオリン」であっても、完成したバイオリンとみることができればバイオリンとして分類する、ということが定められています。た

だし、この通則は食料品や化学品には適用されません。

> (b) 各項に記載するいずれかの材料又は物質には、当該材料又は物質に他の材料又は物質を混合し又は結合した物品を含むものとし、また、特定の材料又は物質から成る物品には、一部が当該材料又は物質から成る物品も含む。二以上の材料又は物質から成る物品の所属は、3の原則に従って決定する。

　2つ以上の材料・物質からなる混合物や結合品である場合は、次の通則3に基づいて分類します。

(通則3)

> 　通則2(b)の規定の適用により又は他の理由により物品が二以上の項に属するとみられる場合には、次に定めるところによりその所属を決定する。
> 　(a) 最も特殊な限定をして記載をしている項が、これよりも一般的な記載をしている項に優先する。
> 　ただし、二以上の項のそれぞれが、混合し若しくは結合した物品に含まれる材料若しくは物質の一部のみ又は小売用のセットの構成要素の一部のみについて記載をしている場合には、これらの項のうち一の項が当該物品について一層完全な又は詳細な記載をしているとしても、これらの項は、当該物品について等しく特殊な限定をしているものとみなす。
> 　(b) 混合物、異なる材料から成る物品、異なる構成要素で作られた物品及び小売用のセットにした物品であって、(a)の規定により所属を決定することができないものは、この(b)の規定を適用することができる限り、当該物品に重要な特性を与えている材料又は構成要素から成るものとしてその所属を決定する。
> 　(c) (a)及び(b)の規定により所属を決定することができない物品は、等しく考慮に値する項のうち数字上の配列において最後となる項に属する。

　(a) **最も特殊な限定をして記載している項**が**一般的な記載**をしている項に**優先**する例としては、牛皮を成型して作られた犬用のスナックガムの場合、犬用に調整された飼料（第23.09項）か牛皮から製造されたもの（第42.05項）のいずれに分類するかにおいては、犬用に調整された飼料のほうが最も特殊な限定をして記載されているものとして、第23.09項に分類します。

　(b) 小売用のセットにした物品の分類についての規定です。例えば、生スパゲッティ、すりおろしチーズ及びトマトソースを、スパゲッティ料理に使用するための小売セットにしたものについては、**重要な特性**を与えている材料はスパゲッティ

であるので、スパゲッティ（第19.02項）として分類します。ただし、酒類が構成要素の１つとなっている場合などは、この規定は適用されません。

　(c) バターピーナッツとあられ（柿の種）のいわゆる「柿ピー」の分類の例です。例えばこのバターピーナッツとあられ（柿の種）の重量割合がそれぞれ50％だった場合、通則3の (a) 及び (b) では分類できません。

　そこで、3の (c) の通則を使います。ここでは、**数字上の配列において最後となる項**に属する、と規定しています。

　バターピーナッツは「第20.08項（ナット調製品）」、あられ（柿の種）は「第19.05項（ベーカリー製品）」と分類されます。この場合、両方を比べると、数字上の配列において最後の項は第20.08項ですので、ナット調製品に分類します。

（通則４）

> 　前記の原則によりその所属を決定することができない物品は、当該物品に最も類似する物品が属する項に属する。

　通則1から通則3によっても分類ができない場合は、当該物品に**最も類似**する物品が属する項に分類することを定めています。

（通則５）

> 　前記の原則のほか、次の物品については、次の原則を適用する。
> (a) 写真機用ケース、楽器用ケース、銃用ケース、製図機器用ケース、首飾り用ケースその他これらに類する容器で特定の物品又は物品のセットを収納するために特に製作し又は適合させたものであって、長期間の使用に適し、当該容器に収納される物品とともに提示され、かつ、通常当該物品とともに販売されるものは、当該物品に含まれる。ただし、この (a) の原則は、重要な特性を全体に与えている容器については、適用しない。
> 　(b) (a) の規定に従うことを条件として、物品とともに提示し、かつ、当該物品の包装に通常使用する包装材料及び包装容器は、当該物品に含まれる。ただし、この (b) の規定は、反復使用に適することが明らかな包装材料及び包装容器については、適用しない。

　5の (a) では、例えば、**写真機用ケース**などについては、写真機とともにそのケー

スも一緒に販売される蓋然性が高く、**写真機**として分類するとしています。つまり、通常は、専用ケースについては中に入る物品に含まれるということになります。

（b）しかし、反復継続的に使用される圧縮ガス用容器等は、圧縮ガスとは別に容器として分類する必要があります。

（通則6）

> この表の適用に当たっては、項のうちのいずれの号に物品が属するかは、号の規定及びこれに関係する号の注の規定に従い、かつ、前記の原則を準用して決定するものとし、この場合において、同一の水準にある号のみを比較することができる。この6の原則の適用上、文脈により別に解釈される場合を除くほか、関係する部又は類の注も適用する。

この通則6は、**号の分類**について定めています。号の分類については、通則1から通則5までを準用するとしています。

豆チェック！ 次の問いに〇か×で答えなさい。

❶「弦が張られていないバイオリン」であっても、輸入申告の際、完成したバイオリンとしての重要な特性がある場合は、バイオリンとして分類する。

❷ワイン、ブランデー、ウイスキーの洋酒セットの場合、ブランデーの度数が一番高く重要な特性があるので、ブランデーとして分類する。

Answer

❶ 〇 「弦が張られていないバイオリン」であっても、輸入申告の際、完成したバイオリンとしての重要な特性がある場合は、バイオリンとして分類します。つまり、完成したバイオリンと同一視でき、あとは弦を張るだけの状態であれば、完成品のバイオリンとして分類します。

❷ × 洋酒セットの場合は、「小売用セット」と認められません。この場合は、それぞれ申告を行う必要があります。

⑨課税価格の決定方法

　課税価格の決定（関税評価）は、関税定率法に詳細に定められており、これらの規定を理解していないと正しい課税価格を求めることはできません。

■課税価格の決定方法

　課税価格の決定の原則は、**輸入貨物の取引価格**を基準に課税価格を決定するというものです。この課税価格の決定の原則については、次項でお話しします。ここでは、この原則を使って課税価格を決定することができる場合とできない場合を学習します。

　「課税価格の決定の原則（関税定率法4条1項）」によって課税価格を決定できない場合は、大きく分けて2つあります。

課税価格の決定方法（図表4-15）

輸入取引（売買契約）により輸入する貨物

輸入にあたり、次のような事情（特別な事情）があるか。
①買手の行う輸入貨物の処分又は使用に制限がある。
②課税価格の決定を困難とする条件が輸入貨物の輸入取引に付されている。
③直接又は間接に売手に帰属する収益があり、かつ、その額が明らかでない。
④売手と買手の間に特殊関係があり、かつ、これにより取引価格に影響があると認められる。

輸入取引によらないで輸入する貨物
（売買契約以外の契約で輸入する場合）
具体的には次に掲げる貨物等をいう。
㋑無償貨物
㋺委託販売のため輸入する貨物
㋩売手の代理人により輸入され、その後売手の計算と危険負担により輸入国で販売される貨物
㋥賃貸借契約に基づき輸入される貨物

 YES

 NO

課税価格の決定の原則
（定率法4条1項）により決定

次の順位で、課税価格が決定される。
①同種の貨物に係る取引価格による課税価格の決定
②類似の貨物に係る取引価格による課税価格の決定
③輸入貨物の国内販売価格、又は同種・類似の貨物の国内販売価格による課税価格の決定
④製造原価に基づく課税価格の決定
⑤特殊な輸入貨物に係る課税価格の決定

1つ目は、**売買契約以外の契約に基づいて輸入**した場合、例えば贈与契約により輸入された貨物の課税価格の計算は、課税価格の決定の原則による方法ではできません。また、贈与契約などで無償輸入されたもの等の場合、申告すべき価格（課税価格）については、有償で輸入した場合の価格から課税価格を求めます。

ただし、1つだけ注意しなければならない場合があります。それは、**加工賃方式の委託加工契約**の場合です。委託加工契約は、海外の受託者に原材料や部品、製造に必要な鋳型などを提供し、加工を委託し、その対価として委託者は受託者に加工賃を支払う、という契約（いわゆる逆委託加工貿易契約）です。このような委託加工貿易について、関税定率法では、**加工賃を対価として委託者を買手、受託者を売手とした売買が行われたものとみなし、課税価格の決定の原則が適用**できる輸入取引だとしています。

2つ目は、たしかに売買契約に基づいて貿易取引が行われたが、輸入者と輸出者の間に何らかの関係（特殊関係）があり、通常の取引価格より有利な価格（安価）で取引がされたり、あるいは、取引内容に制限を加えるような条件を売買契約に付し、通常の取引価格より有利な価格（安価）で取引がされるような場合です。このように売主と買主の間に存在する特殊関係や取引条件が取引価格に影響を及ぼしている場合、すなわち「**特別な事情**」がある場合には、当該取引価格を基礎に課税価格を算出することができません。

これらの場合は、取引価格に影響を及ぼしていない場合の**公正な価格**を算出し、それを課税価格にする必要があります。つまり、輸入貨物に係る産業での**通常の価格設定に関する慣行に適合する価格**を算出し、当該価格を課税価格にする必要があるということです。

■特別な事情

関税定率法で定める「特別な事情」とは、次のようなものです。

① 「買手による当該輸入貨物の処分又は使用につき制限がある場合」

例えば、輸入貨物を売手の指示に従って展示用としてのみ使用させることを条件として、取引価格を実質的に引き下げるような場合です。なお、単に輸入された貨物の販売地域が限定されているような場合は、これには該当しません。

② 「その輸入貨物の取引価格がその輸入貨物の売手と買手との間で取引される当

該輸入貨物以外の貨物の取引数量又は取引価格に依存して決定されるべき旨の条件など、輸入貨物の課税価格の決定を困難とする条件が輸入取引に付されていること」

例えば、輸入貨物の買手が特定の数量の他の貨物を購入することを条件として、売手がその貨物の価格を決定するような場合です。

③「買手による当該輸入貨物の処分又は使用による収益で、直接又は間接に売手に帰属するものとされているものの額が明らかでないこと」

例えば、輸入貨物の利潤配分取引に基づいて買手が利益の一部を売手に分配するような場合で、その分配額が明らかでない場合等が挙げられます。

④「売手と買手との間に特殊関係がある場合において、当該特殊関係のあることが当該輸入貨物の取引価格に影響を与えていると認められること」

特殊関係とは、売手と買手が親族関係にあったり、売手か買手の一方の者が他方の者を直接又は間接に支配している場合などが定められています。

ところで、特殊関係があっても、そのことが取引価格に影響を与えていない場合は、特別な事情のある取引には該当しません。

なお、このような、「課税価格の決定の原則」により課税価格を求められない場合の具体的な計算方法は、関税定率法に定められています。ただし、通関ビジネス実務検定™ベーシック（C級）の範囲ではありません。次項以下の「課税価格の決定の原則」による課税価格の算出方法のみが試験の範囲になります。

豆チェック！ 次の問いに○か×で答えなさい。

❶リース契約に基づいて輸入された貨物については、課税価格の決定の原則により課税価格を決定することができる。

❷輸入貨物を売手の指示に従って展示用としてのみに使用させることを条件として、取引価格を実質的に引き下げるような場合は、特別な事情に該当し、課税価格の決定の原則により課税価格を決定することはできない。

Answer

❶ ✕ リース契約により輸入された貨物は、売買契約に基づいて輸入されたものではないので、課税価格の決定の原則により課税価格を算出することはできません。

❷ ◯ 輸入貨物を売手の指示に従って展示用としてのみ使用させることを条件として、取引価格を実質的に引き下げる行為は、「特別な事情」の1つである「買手による当該輸入貨物の処分又は使用につき制限がある場合」に該当し、課税価格の決定の原則により課税価格を決定することはできません。

10 課税価格の決定の原則①

多くの輸入取引においては、課税価格の決定の原則により課税価格が決定されます。この決定方法で重要なことは、まず、**現実支払価格**を確定することです。現実支払価格は、輸入取引（売買契約）がされたときに、「**買手が売手に対し（直接に）、又は、売主のために（間接に）、輸入貨物につき現実に支払われた、又は支払われるべき価格**（輸出国において輸出の際に軽減又は払い戻しを受けるべき関税その他の公課を除く）」と定められています。

例えば、インボイス価格や売買契約金額で現実支払価格が認識できることが多いです。

しかし、インボイス価格等がそのまま現実支払価格になるわけではありません。例えば、売買契約の条件として売主が第三者に対し負っている債務を買主が肩代わり弁済する場合で、インボイスの価格から当該肩代わり弁済分が差し引かれているときは、差し引かれる前の価格に調整し現実支払価格を求めます。

また、関税定率法では、課税価格を算出するために、この**現実支払価格を基礎**として、その**含まれて**いない限度において、**加算すべき費用**を定めています。

一方、現実支払価格には含めない費用（インボイス価格等に含まれている場合、控除すべき費用）についても定めています。

つまり、課税価格の決定の原則の基本的な計算は、次のようになります。

課税価格の決定の原則の公式 ─────

　現実支払価格　＋　加算費用　−　控除費用　＝　課税価格

▼加算費用

　加算される費用とは、下記の①〜⑤です。これらは、現実支払価格（例えばインボイス価格や売買契約金額）に含まれていない場合、加算しなければならない費用です。つまり、これらの費用が発生しているにもかかわらずインボイス価格に含まれていない場合は、その費用を**インボイス価格に加算して課税価格を算出**します。

①当該輸入貨物が輸入港に到着するまでの運賃、保険料その他の運送関連費用

②当該輸入貨物に係る輸入取引に関し、買手が負担する仲介料その他の手数料（買付手数料を除く。）及び当該輸入貨物の容器（当該輸入貨物の通常の内容と同一の種類及び価値を有するものに限る。）、包装の費用

③当該輸入貨物の生産及び輸入取引に関連して、買手により無償で、又は値引きをして直接又は間接に提供された物品又は役務の費用

④当該輸入貨物に係る特許権・意匠権・商標権その他これらに類するもの（当該輸入貨物を本邦において複製する権利を除く。）でそれらの使用に伴う対価で、輸入貨物に係る取引の状況その他の事情からみて当該輸入貨物の輸入取引をするために買手により直接又は間接に支払われるもの

⑤買手による当該輸入貨物の処分又は使用による収益で直接又は間接に売手に帰属するものとされているもの

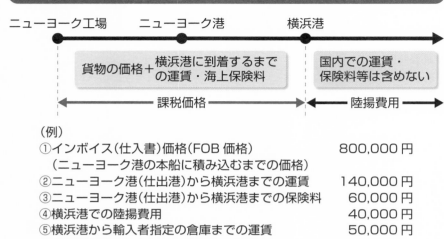

課税価格の計算の基本的な考え方（図表4-16）

ニューヨーク工場　　ニューヨーク港　　　　　横浜港

貨物の価格＋横浜港に到着するまでの運賃・海上保険料　　国内での運賃・保険料等は含めない

課税価格　　　　　　　　　　陸揚費用

（例）
①インボイス（仕入書）価格（FOB 価格）　　　　　　800,000 円
　（ニューヨーク港の本船に積み込むまでの価格）
②ニューヨーク港（仕出港）から横浜港までの運賃　　140,000 円
③ニューヨーク港（仕出港）から横浜港までの保険料　　60,000 円
④横浜港での陸揚費用　　　　　　　　　　　　　　　40,000 円
⑤横浜港から輸入者指定の倉庫までの運賃　　　　　　50,000 円

　課税価格の計算の基本的な考え方について、実際の計算を交えながらお話ししていきましょう。

　図表4-16を見てみましょう。

　インボイスのことを関税定率法では「**仕入書**」と呼んでいます。

　この取引は**FOB契約**ですから、ニューヨーク港の本船に貨物を積み込むまでの費用負担を売手が行うことになっています。したがって、売手が発行した仕入書価格は、ニューヨーク港の本船に積み込むまでの価格（800,000円）が記載されています。仕入書価格を売主からの請求書の価格と考えるといいでしょう。

　この場合、ニューヨーク港から横浜港までの運賃や海上保険料は、仕入書価格とは別に買手が負担することになります。

　課税価格は**CIF価格**が基準になりますから、買主が負担した横浜港到着までの**運賃及び保険料**を仕入書価格に**加算**する必要があります。

　一方、横浜港への到着後に発生した**陸揚費用などの荷役費用**や国内の運送費用などは、**課税価格に含まれません**ので、加算はしません。

　したがって、この場合の課税価格は次のようになります。

①インボイス（仕入書価格）800,000円＋②横浜港までの運賃140,000円＋③横浜港までの保険料60,000円＝課税価格1,000,000円

■控除費用

　インボイス（仕入書）などに次の費用が含まれている場合は、控除して課税価格を計算します。

①輸入港到着後の国内での運賃、保険料等
②輸入申告の日以後に本邦において行われる当該輸入貨物に係る据付け、組立て、整備又は技術指導に要する役務の費用
③本邦において当該輸入貨物に課される関税その他の課徴金
④当該輸入貨物に係る輸入取引が延払条件付き取引である場合における延払金利

　ただし、これらの費用が含まれていた場合でも、これらの費用の額等を含んだものとしてでなければ**支払いの総額を把握できない場合**は、その明らかにすることができない費用等の額を含んだ当該**支払いの総額**により、課税価格を求めます。

豆チェック！ 次の問いに〇か×で答えなさい。

❶課税価格の決定の原則により課税価格を求める場合、インボイスの価格が取引価格であるので、そのままの価格を課税価格として申告する。

❷課税価格の決定の原則より課税価格を求める場合、売買契約金額に国内運送の費用が含まれている場合は、控除して課税価格を計算する。

Answer

❶ ×　課税価格は、貨物の価格に本邦に船舶が到着するまでの運賃・保険料等の運送関連費用を加算した価格（CIF価格）です。また、そのほかにも無償で提供した材料費など加算すべき費用があります。したがって、インボイス（仕入書）にどのような価格が含まれているかを見て、貨物の価格に加算すべき費用が含まれていない場合は加算し、課税価格に含まれない費用がある場合は控除して、課税価格を算出します。

❷ 〇　課税価格に国内運送の費用は含まれないので、控除します。

11 課税価格の決定の原則②

ここでは、加算費用の取扱いについてお話ししていきましょう。

1. 運賃

船舶輸送の場合は当然、船舶の運賃が課税価格に算入されますし、航空機輸送であれば航空運賃が課税価格に算入されます。しかし例外として、**航空機による運送であっても、船舶による通常の運賃及び保険料により課税価格を算出できる場合**があります。

A. 遅延に伴う運送方法の変更の場合

輸入契約において**船舶**により運送されることとされていた貨物で、当該貨物の製作の遅延その他その**輸入者の責めに帰すことができない理由**により当該貨物の本邦への到着が遅延し又は遅延するおそれが生じたため、その**輸入者以外の者が運送方法の変更に伴う費用を負担**することにより**航空機**により運送された場合は、**船舶による場合の通常の運賃・保険料を算入します。**

ここで注意を要するのは、

①貨物の本邦への到着が遅延するなどの理由が**輸入者の責めに帰すことができないものであること**

②運送方法の変更に伴う費用を**輸入者以外の者が負担する**

という2点です。

例えば、「輸入契約では船舶輸送としていたのだが、輸出国の製造者の製造の遅延により船舶輸送では納品の期日に間に合わないこととなり、急きょ航空機で輸送することになった」という場合で、航空機の運賃と船舶の運賃の差額を輸出国の製造者が負担する場合には、当該貨物の課税価格に算入すべき運賃は、船舶による通常の運賃及び保険料になります。しかし、その差額の運賃を輸入者が負担したならば、実際の航空運賃を算入しなければならないことになります。

遅延に伴う運送方法の変更（図表4-17）

輸出国

輸入国

製造の遅延

契約は**船舶輸送**だが、船舶輸送では納品の期日に間に合わないため、**急きょ航空機で輸送**

輸入者

課税価格の計算において、運賃・保険料としては「船舶による通常の運賃・保険料」を加算

運送方法の変更に伴う費用を負担

B. 課税価格の総額が一定額以下の場合など

　航空運送により輸入された貨物で課税価格の総額が20万円以下の場合や10万円以下の場合、課税価格に算入すべき運賃・保険料を船舶による場合の通常の運賃・保険料にすることができます。

　例えば、**課税価格が20万円以下の場合**に適用されるのは**無償の商品見本、携帯品**など、**課税価格が10万円以下の場合**に適用されるのは**個人的な使用のための寄贈物品**などの場合です。

　また、航空貨物により輸入された**修繕又は取り換えのための無償物品の運賃・保険料**としては、**課税価格の制限なく**、船舶による場合の通常の運賃・保険料を加算します。

C. 災害等運賃特例

　輸入港までの運送が、災害の発生等特殊な事情の下で行われたことにより、実際に要した運賃等の額が、通常の運賃等の額を**著しく超えた**場合には、実際に要した運賃を加えることなく、通常必要とされる運賃等を加算します。この「**著しく超えた**」という表現に注意してください。

2. 買手が負担する仲介料その他の手数料

買手が負担する仲介料や売手の代理人に対する販売手数料は、いずれも課税価格に算入する必要があります。

しかし、買手が依頼した輸入貨物の買付に対するいわゆる**買付手数料**は、課税価格に算入しません。これは、買手内部の支払いであり、輸入取引の条件として支払われるものではないからです。ただし、これは**輸入貨物そのものの買付**の場合の手数料のことであり、買手が売手に提供する輸入貨物の原材料、部分品などの買付の場合、支払った買付手数料は課税価格に算入する必要があります。

3. 無償で、又は値引きをして提供された物品又は役務の費用

輸入貨物の生産及び輸入取引に関連して、買手により無償で、又は値引き（以下「無償提供等」という）をして直接又は間接に提供された物品又は役務の費用は、課税価格に算入することが必要です。

具体的には、次のように規定されています。

A. 輸入貨物に組み込まれている材料、部分品など

例えば、製造に必要な部品（輸入貨物に組み込まれている部品）を買手が売手に無償提供した場合は、部品及び提供に要した費用（運送費など）は、課税価格に算入します。値引きをして提供した場合も、同様に値引額及び提供に要した費用を算入します。

また、商品に表示するためのラベルを無償提供した場合も、同様に加算します。ただし、そのラベルが日本の法令により表示を義務付けられている事項のみを表示しているものである場合は、**課税価格に算入する必要はありません**。

B. 輸入貨物の生産のために使用された工具・鋳型など

例えば、部品などを作るための鋳型を無償提供した場合、鋳型及び提供するための運送費用は課税価格に算入します。

C. 輸入貨物の生産の過程で消費された物品

例えば、生産に使用された燃料や生産に必要な触媒などを無償提供した場合、その費用は課税価格に算入する必要があります。

D. 技術・設計・考案その他当該輸入貨物の生産に関する役務で、本邦以外で開発されたもの

4. 輸入貨物に係る特許権・実用新案権・商標権などの使用に伴う対価

当該輸入貨物に係る特許権・意匠権・商標権その他これらに類するものの使用に伴う対価で、輸入貨物に係る取引の状況その他の事情からみて当該輸入貨物の輸入取引をするために買手により直接又は間接に支払われるものは、課税価格に算入します。

5. 売手帰属収益でその額が明らかな場合

買手による当該輸入貨物の処分又は使用による収益で、直接又は間接に売手に帰属するものを「売手帰属収益」と呼んでいます。

例えば、仕入書価格のほかに「日本での再販売価格の10%」を買手が売手に別途支払う契約がされている場合等が考えられます。この場合、すでに再販売契約がされ、再販売価格の額が明らかである場合には、再販売価格の10%を課税価格に算入します。

しかし、この売手帰属収益の額が把握できない場合には、「課税価格の決定の原則」を用いて課税価格を決定することはできません。

 次の問いに〇か×で答えなさい。

❶課税価格の決定の原則により課税価格を算出する場合、買手が売買契約の仲介者に支払った仲介手数料は、課税価格に加算すべき費用である。

❷課税価格の決定の原則により課税価格を算出する場合、航空貨物により輸入された修繕のための無償物品の運賃・保険料としては、課税価格の制限なく、船舶による場合の通常の運賃・保険料を加算する。

Answer

❶ 〇　買手の支払った仲介手数料は、課税価格に算入すべき加算費用です。ちなみに、買手が輸入貨物の買付代理人に支払った買付手数料は、課税価格には算入されませんので、注意が必要です。

❷ 〇　航空貨物により輸入された修繕のための無償物品の運賃・保険料としては、当該貨物の課税価格の制限なく、船舶による場合の通常の運賃・保険料を加算します。

12 輸出統計品目表と分類

輸出統計品目表を参照して輸出貨物の輸出統計品目番号を導き出します。例として、輸出統計品目表の第95類「がん具、遊戯用具及び運動用具並びにこれらの部分品及び附属品」の抜すいから分類の方法を見てみましょう。

1. まずは、注をチェックする

第95類の表題の下には、類の注が記載されています。また、号の注も記載されています。

抜すいした輸出統計品目表の第95類の注1には、「この類には、次の物品を含まない」との記載があり、「次の物品」として (a) ～ (g) には「含まない」ものが列挙されています（実際の輸出統計品目表には (a) ～ (w) まで列挙されています）。

例えば、(a) には「ろうそく（第34.06項参照）」とあり、「ろうそく」は第95類には含まれないことがわかります。そして、第34.06項を参照するように記載されています。また、(b) には「第36.04項の花火その他の火工品」とあり、これも第95類には含まれないことがわかります。

このように、輸出貨物の品名をたよりに、部、類の表題を見るだけではなく、注を必ずチェックすることが重要です。部や類の表題は、便宜上あるにすぎないものです。

> **第95類の「がん具、遊戯用具及び運動用具並びにこれらの部分品及び附属品」の抜すい① （図表4-18）**

第95類　がん具、遊戯用具及び運動用具並びにこれらの部分品及び附属品

注
1　この類には、次の物品を含まない。
(a)　ろうそく（第34.06項参照）
(b)　第36.04項の花火その他の火工品
(c)　第39類、第42.06項又は第11部の糸、単繊維、ひも、ガットその他これらに類する物品で、釣り用のものを特定の長さに切ったもののうち釣糸に仕上げてないもの
(d)　第42.02項、第43.03項又は第43.04項のスポーツバッグその他の容器
(e)　第61類又は第62類の紡織用繊維製の運動用衣類及び特殊衣類（肘、膝又はそけい部にパッド又は詰物等のさ細な保護用部分を有するか有しないかを問わない。例えば、フェンシング用衣類及びサッカーのゴールキーパー用ジャージー）並びに第61類又は第62類の紡織用繊維製の仮装用の衣類
(f)　第63類の紡織用繊維製の帆（ボート用、セールボード用又はランドクラフト用のものに限る。）及び旗類
(g)　第64類のスポーツ用の履物（アイススケート又はローラースケートを取り付けたスケート靴を除く。）及び第65類の運動用帽子

号注
1　第9504.50号には、次の物品を含む。
(a)　ビデオゲーム用のコンソール（テレビジョン受像機、モニターその他の外部の
　　スクリーン又は表面に画像を再生するものに限る。）
(b)　ビデオスクリーンを自蔵するビデオゲーム用の機器（携帯用であるかないかを
　　問わない。）
　　この号には、硬貨、銀行券、バンクカード、トークンその他の支払手段により作動
　するビデオゲーム用のコンソール又は機器（第9504.30号参照）を含まない。

2. 輸出統計品目表の構造

　輸出統計品目表には、輸出申告に必要な統計品目番号、細分番号、NACCS用
コード、品名、単位が記載されています。この統計品目番号により、政府は、輸出統
計を発表しています。

　この**統計品目番号**には、**HSコード**が割り当てられています。

　例えば、輸出貨物が「釣りざお」であった場合はどうでしょうか。輸出統計品目番
号は、次のように分類できます。

第95類の「がん具、遊戯用具及び運動用具並びにこれらの部分品及び附属品」の抜すい②（図表4-19）

番号 NO	細分 番号 sub. no	NACCS用	品　　名	単位 UNIT I	単位 UNIT II	DESCRIPTION	参　考
95.07			釣りざお、釣針その他の魚釣用具及びたも網、捕虫網その他これらに類する網並びにおとり具（第92.08項又は第97.05項のものを除く。）その他これに類する狩猟用具			Fishing rods, fish-hooks and other line fishing tackle; fish landing nets, butterfly nets and similar nets; decoy "birds" (other than those of heading 92.08 or 97.05) and similar hunting or shooting requisites :	
9507.10	000	2	－釣りざお		NO	－ Fishing rods	
9507.20			－釣針（はりすを付けてあるかないかを問わない。）			－ Fish-hooks, whether or not snelled :	
	100	1	－－擬餌針	GS	KG	－ － Artificial flies	
	900	3	－－その他のもの	GS	KG	－ － Other	
9507.30	000	3	－釣り用リール		NO	－ Fishing reels	
9507.90	000	6	－その他のもの	NO	KG	－ Other	

9507.10-000-2　　釣りざお

95…………………類

95.07　…………項

9507.10　………号

「9507.10」までの6桁が世界共通のコードです。細分番号（3桁）及びNACCS
コードは、日本独自のコードが割り当てられています。

3. 分類の方法

　輸出統計品目表の抜すいをいくつか挙げて、輸出統計品目表を立体的にし、各品
物がどこに属するのかを見てみましょう。

Ball point pens of oily（油性ボールペン）

　油性ボールペンは雑品として、第96類に分類されます。注には、特にこの物品
を含まないという記載はありません。

　第96類は、第96.01項（…動物性の彫刻用又は細工品の材料…及び製品…）、第
96.02項（植物性又は鉱物性の彫刻用又は細工用の材料…及び製品…）、第96.03項
（ほうき、ブラシ…）、第96.04項（手ふるい）、第96.05項（トラベルセット…）、第
96.06項（ボタン、プレスファスナー…）、第96.07項（スライドファスナー…）、第
96.08項（…ボールペン、…万年筆その他のペン…）、第96.09項（鉛筆…）など、
第96.01項から第96.20項までの20の項に分かれていますが、油性ボールペンで
すので第96.08項に分類されそうです。

　輸出統計品目表で号以下を分類するにあたっては、「－」が重要です。この表に
は、さらに2本線「－－」、3本線「－－－」があります。

　まずは、1本線の「－」だけを見て、どこに当てはまるかを分類します。「－」
は一段落ち、「－－」は二段落ち、「－－－」は三段落ちと呼ばれ、同じ段で段落ち
しているものを見比べて分類していきます。

　第96.08項には、上から順に「－ボールペン」、「－フェルトペンその他の透過
性のペン先を有するペン及びマーカー」、「－万年筆その他のペン」、「－シャープ
ペンシル」、「－第9608.10号から第9608.40号までの二以上の号の物品をセット
にしたもの」、「－ボールペン用中しん…」、「－その他のもの」と記載があります
ので、「－ボールペン」を見ます。次に「－－」を見ると、「－－油性ボールペン」
（9608.10-100-5）と「－－その他のもの」（9608.10-900-0）に分かれています。貨物
は油性ボールペンですので、「－－油性ボールペン」（9608.10-100-5）に分類され
ます。

第96類 「雑品」のボールペンなどの部分の抜すい（図表4-20）

番号 NO	細分番号 sub. no	NACCS用	品 名	単位 UNIT I	単位 UNIT II	DESCRIPTION	参 考
9607.20	000	2	－部分品		KG	－Parts	
96.08			ボールペン、フェルトペンその他の浸透性のペン先を有するペン及びマーカー、万年筆その他のペン、鉄筆、シャープペンシル並びにペン軸、ペンシルホルダーその他これらに類するホルダー並びにこれらの部分品（キャップ及びクリップを含むものとし、第96.09項の物品を除く。）			－Ball point pens; felt tipped and other porous-tipped pens and markers; fountain pens, stylograph pens and other pens; duplicating stylos; propelling or sliding pencils; pen-holders, pencil-holders and similar holders; parts (including caps and clips) of the foregoing articles, other than those of heading 96.09:	
9608.10			－ボールペン			－Ball point pens:	
	100	5	－－油性ボールペン		NO	－－Ball point pens of oily	
	900	0	－－その他のもの		NO	－－Other	
9608.20	000	0	－フェルトペンその他の浸透性のペン先を有するペン及びマーカー		NO	－Felt tipped and other porous-tipped pens and markers	
9608.30	000	4	－万年筆その他のペン		NO	－Fountain pens, stylograph pens and other pens	賀IIの2
9608.40	000	1	－シャープペンシル		NO	－Propelling or sliding pencils	
9608.50	000	5	－第9608.10号から第9608.40号までの二以上の号の物品をセットにしたもの		NO	－Sets of articles from two or more of the foregoing subheadings	
9608.60	000	2	－ボールペン用中しん（ポイント及びインク貯蔵部から成るものに限る。）	NO	KG	－Refills for ball point pens, comprising the ball point and ink-reservoir	
			－その他のもの			－Other:	

第96.08項「ボールペンなど」の立体図（図表4-21）

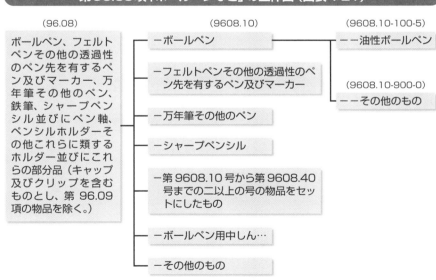

127

次の問いに〇か×で答えなさい。

輸出統計品目表の抜すい（図表4-22）を参照して答えてください。

❶NACCSで輸出申告を行う、Cultured loose pearls（Silver lipped pearls, Unworked）の統計品目番号は、7101.21-120-2である。

❷❶の品物の輸出申告書に記載する単位は、「キログラム」である。

輸出統計品目表の抜すい（図表4-22）

番号 NO	細分番号 sub.no	NACCS用	品　　名	単位 UNIT I	単位 UNIT II	DESCRIPTION	参　考
71.01			天然又は養殖の真珠（加工してあるかないか又は格付けしてあるかないかを問わないものとし、糸通しし又は取り付けたものを除く。ただし、天然又は養殖の真珠を輸送のために一時的に糸に通したものを含む。）			Pearls, natural or cultured, whether or not worked or graded but not strung, mounted or set; pearls, natural or cultured, temporarily strung for convenience of transport:	
7101.10	000	5	－天然真珠		GR	－Natural pearls	質Ⅱの2
			－養殖真珠			－Cultured pearls:	
7101.21			－－加工してないもの			－－Unworked:	
			－－－ばら玉のもの			－－－Loose pearls:	
	110	6	－－－－アコヤ真珠のもの		GR	－－－－Akoya pearls	〃
	120	2	－－－－白ちょう真珠及び黒ちょう真珠のもの		GR	－－－－Silver lipped pearls and Black lipped pearls	〃
	190	2	－－－－その他のもの		GR	－－－－Other	〃
	900	5	－－－その他のもの		GR (I.C.)	－－－Other	〃
7101.22			－－加工したもの			－－Worked:	
			－－－輸送のために一時的に糸を通したもの			－－－Temporarily strung for convenience of transport:	
	210	0	－－－－アコヤ真珠のもの		GR	－－－－Akoya pearls	〃
	220	3	－－－－白ちょう真珠及び黒ちょう真珠のもの		GR	－－－－Silver lipped pearls and Black lipped pearls	〃
	290	3	－－－－その他のもの		GR	－－－－Other	〃
			－－－その他のもの			－－－Other:	
	310	2	－－－－アコヤ真珠のもの		GR	－－－－Akoya pearls	〃
	320	5	－－－－白ちょう真珠及び黒ちょう真珠のもの		GR	－－－－Silver lipped pearls and Black lipped pearls	〃
	390	5	－－－－その他のもの		GR	－－－－Other	〃

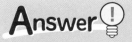

❶ ○　設問のCultured loose pearls（Silver lipped pearls, Unworked）は、加工し
ていないばら玉の養殖白ちょう真珠ですが、真珠であるので、第71類の「天然
又は養殖の真珠、…並びにこれらの製品、身辺用模造細貨類並びに貨幣」に分
類され、さらにそのうちの第71.01項に分類されます。第71.01項の「－」は、「－
天然真珠」、「－養殖真珠」に分かれますが、養殖の真珠なので「－養殖真珠」に
分類されます。「－養殖真珠」は「－－加工していないもの」、「－－加工したも
の」に分かれますが、加工していないものなので「－－加工していないもの」に
分類されます。「－－加工していないもの」は「－－－ばら玉のもの」、「－－－
その他のもの」に分かれますが、ばら玉のものなので「－－－ばら玉のもの」に
分類されます。最後に、「－－－ばら玉のもの」は「－－－－アコヤ真珠のもの」、
「－－－－白ちょう真珠及び黒ちょう真珠のもの」、「－－－－その他のもの」に
分かれますが、白ちょう真珠のものなので「－－－－白ちょう真珠及び黒ちょ
う真珠のもの」（7101.21-120-2）に分類されます。

❷ ×　設問①の輸出統計品目番号（7101.21-120-2）の単位はGR＝グラムですの
で、誤りとなります。なお、キログラムの単位はKGです。

13 実行関税率表（輸入統計品目表）と分類

1. 注をチェックする

　輸出の場合と同様に、部、類及び節の表題は、単に参照上の便宜のために設けら
れたものであり、分類にあたっては、項の規定及びこれに関係する部又は類の注の
規定に従う必要があります。

　例えば「光ファイバー」を輸入する場合、ガラス製品ではないかとあたりをつけ、
第70類「ガラス及びその製品」に分類されるのではないかと考える場合、第70類の
注を参照します。

　第70類の注1には、「この類には、次の物品を含まない。」との記載があり、「次の
物品」として（a）～（g）には「含まないもの」が列挙されています。その中の（d）
に「第90類の光ファイバー…」とあるので、この記載により、光ファイバーは第90
類を参照し分類を行います（「光ファイバーケーブル」の場合、個々に被覆したファ
イバーからなるものか否かで、分類が第85類・第90類のいずれかとなります）。

第95類の表題の下には、類の注が記載されています。また、号の注も記載されています。

2. 分類の方法

NACCSにより輸入申告される、たまねぎの輸入を例にとって、実行関税率表から輸入統計品目番号を分類してみましょう。

Fresh Onions

Unit Price 0.70 USD/kg

※輸入申告日の属する週の前々週の実勢外国為替相場の週間平均値（1米ドルに対する円相場）　108円

第7類　「食用の野菜、根及び塊茎」の抜粋（図表4-23）

番号 No.	統計細分 Stat. Code No.	NACCS用	品　　名	税　　率 Rate of Duty				単位 Unit	Description
				基本 General	協定 WTO	特恵 Preferential	暫定 Temporary		
07.03			たまねぎ、シャロット、にんにく、リーキその他のねぎ属の野菜（生鮮のもの及び冷蔵したものに限る。）						Onions, shallots, garlic, leeks and other alliaceous vegetables, fresh or chilled:
0703.10			たまねぎ及びシャロット						Onions and shallots:
			1 たまねぎ	10%	8.5%				1 Onions:
	011	2	－課税価格が1キログラムにつき67円以下のもの			※無税 Free		KG	Not more than 67 yen/kg in value for customs duty
	012	↑	－課税価格が1キログラムにつき67円を超え73円70銭以下のもの			※無税 Free	(73.70円－課税価格)/kg (73.70yen－the value for customs duty)/kg	KG	More than 67 yen/kg but not more than 73.70 yen/kg in value for customs duty
	013	4	－課税価格が1キログラムにつき73円70銭を超えるもの				無税 Free	KG	More than 73.70 yen/kg in value for customs duty
	020	4	2 シャロット	5%	3%	※無税 Free		KG	2 Shallots

事例の輸入貨物は、生鮮のたまねぎなので、実行関税率表（輸入統計品目表）の第7類「食用の野菜、根及び塊茎」を見ます。第7類の注は省略します。

第7類は、第07.01項「ばれいしょ（生鮮のもの及び冷蔵したものに限る。）」、第07.02項「トマト（生鮮のもの及び冷蔵したものに限る。）」、第07.03項「たまねぎ、シャロット、にんにく、リーキその他のねぎ属の野菜（生鮮のもの及び冷蔵したものに限る。）」など、第07.01項から第07.14項までの14項に分かれます。そして、生鮮のたまねぎは第07.03項を見ます。

第07.03項は、「たまねぎ及びシャロット」(0703.10)、「にんにく」(0703.20)、「リーキその他のねぎ属のもの」(0703.90)に分かれますが、「たまねぎ」ですので、「たまねぎ及びシャロット」(0703.10)に分類します。

　第0703.10号は、「1 たまねぎ」、「2 シャロット」(シャロットは、日本でエシャレット、エシャロットと呼ばれる「根らっきょう」とは別物です)に分かれますが、「1 たまねぎ」に分類され、「1 たまねぎ」は「－課税価格が1キログラムにつき67円以下のもの」、「－課税価格が1キログラムにつき67円を超え73円70銭以下のもの」、「－課税価格が1キログラムにつき73円70銭を超えるもの」の3つに分かれます。事例では、1キログラムにつき USD 0.70 となっており、その単価に事例の**輸入申告日の属する週の前々週の実勢外国為替相場の週間平均値**(1米ドルに対する円相場)108円を乗じた75.60円(0.70 × 108 = 75.60)が「たまねぎ」1キログラムの課税価格です。

　したがって、「－課税価格が1キログラムにつき73円70銭を超えるもの」(0703.10-013-4)に分類されることがわかります。

第07.03項（たまねぎ、シャロット…）の立体図（図表4-24）

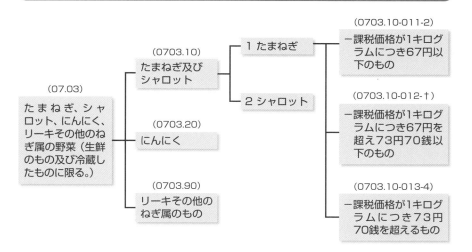

 次の問いに〇か×で答えなさい。

実行関税率表の抜すい（図表4-25）を参照して答えてください。なお、❶❷ともにNACCSで輸入申告を行います。

❶ Eiderdowns, stuffed with downの品目番号は、9404.90-020-1である。

❷ Pillow, stuffed with cottonの品目番号は、9404.90-090-1である。

実行関税率表　第94類の抜すい（図表4-25）

番 号 No.	統計細分 Stat. Code No.	NACCS用	品　　　名	税　　率 Rate of Duty				単位 Unit	Description
				基　本 General	協　定 WTO	特　恵 Preferential	暫　定 Temporary		
94.04			寝具その他これに類する物品（例えば、マットレス、布団、羽根布団、クッション、プフ及びまくら。スプリング付きのもの、何らかの材料を詰物とし又は内部に入れたもの及びセルラーラバー製又は多泡性プラスチック製のものに限るものとし、被覆してあるかないかを問わない。）及びマットレスサポート						Mattress supports; articles of bedding and similar furnishing (for example, mattresses, quilts, eiderdowns, cushions, pouffes and pillows) fitted with springs or stuffed or internally fitted with any material or of cellular rubber or plastics, whether or not covered:
9404.10	000	5	マットレスサポート	3.8%	3.2%	2.56% ×無税 Free		KG	Mattress supports
			マットレス						Mattresses:
9404.21	000	1	セルラーラバー製又は多泡性プラスチック製のもの（被覆してあるかないかを問わない。）	4.6%	3.8%	無税 Free		NO KG	Of cellular rubber or plastics, whether or not covered
9404.29	000	0	その他の材料製のもの	4.6%	3.8%	無税 Free		NO KG	Of other materials
9404.30	000	6	寝袋	4.6%	3.8%	無税 Free		NO KG	Sleeping bags
9404.90			その他のもの	4.6%	3.8%	無税 Free			Other:
			－布団						Quilts and eiderdowns:
	010	5	－－羽根布団（羽根又は羽毛を詰物に使用したもの）					NO KG	Eiderdowns, stuffed with feather or down
	020	1	－－人造繊維のみを詰物に使用したもの					NO KG	Stuffed solely with man-made fibres
	030	4	－－その他のもの					NO KG	Other
	090	1	－その他のもの					KG	Other

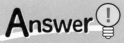

❶ ✕　設問のEiderdrown, stuffed with downは羽毛を詰めた羽根布団になります。これは、「9404.90-010-5」に分類されます。

まず、第94.04項の「寝具その他これに類する物品（例えば、…布団、羽根布団、

…まくら…）」は「マットレスサポート」、「マットレス」、「寝袋」、「その他のもの」の4つの号に分かれます。設問の輸入貨物は布団ですので、「マットレスサポート」、「マットレス」、「寝袋」にはあてはまりません。したがって、「その他のもの」（第9404.90号）を参照します。

一段落ちは、「－布団」と「－その他のもの」の2つがあります。

輸入貨物は布団ですので、「－布団」に分類されます。「－布団」は、「－－羽根布団（羽根又は羽毛を詰物に使用したもの）」、「－－人造繊維のみを詰物に使用したもの」、「－－その他のもの」に分かれますが、羽毛を詰めた羽根布団ですので、「－－羽根布団（羽根又は羽毛を詰物に使用したもの」（9404.90-010-5）に分類されます。

❷ ○　設問のPillow, stuffed with cottonは綿を詰めた枕です。これは、「9404.90-090-1」に分類されます。①と同様に第94.04項の一段落ちは、「その他のもの」（第9404.90号）に分類されます。一段落ちですが、輸入貨物はまくらであって布団ではないので、「－その他のもの」（9404.90-090-1）に分類されます。

---

⑭関税率の選択

1. 関税率の種類

　関税率は貨物の種類ごとに異なります。税率は関税定率法、関税暫定措置法などで定められています。関税率は、貨物の価格、貨物の種類、原産地などによって、同一の種類の貨物でも異なります（第Ⅲ部図表3-22）。

A. 簡易税率

　簡易税率には、課税価格が20万円以下の輸入貨物に適用される定額貨物に対する「**少額貨物に対する簡易税率**」と、海外旅行などから帰国した際の携帯品や別送品に対して適用される「**携帯品、別送品に対する簡易税率（入国者の輸入貨物に対する簡易税率）**」の2つがあります。

B. 国定税率

　日本の国会で制定され、法律で定められた税率で、国定税率といっています。これには、次の3つの税率が定められています。

ⓐ**基本税率**

　関税定率法の別表で定められている基本的な税率です。

ⓑ**暫定税率**

　関税暫定措置法の別表で定められている暫定的な税率です。基本税率とは別

に一定の暫定的な期間に輸入されるものに課す税率です。同じ貨物に基本税率と暫定税率の2つの税率がある場合は、常に暫定税率が優先します。

ⓒ特恵税率

一定の開発途上国（特恵受益国や特別特恵受益国）から原産品の輸入を行う場合に適用される税率で、関税暫定措置法に定められています。これは、開発途上国から輸入される一定の農水産品、鉱工業品の関税を通常の税率よりも低い税率若しくは無税として、日本の企業への輸出を促進し、開発途上国の経済発展を促進しようというものです。この特恵関税制度は、国際連合貿易開発会議（UNCTAD）により創設されたものです。

C. 条約に基づいて定められる税率

条約に基づいて定められている税率には、協定税率（WTO税率）とEPA/FTA税率があります。

ⓐ協定税率（WTO税率）

WTO協定により加盟国・地域に対して譲許（約束）した税率で加盟国・地域の原産品に対して適用される税率です。また、WTO加盟国・地域でない場合でも、相互主義に基づき協定税率を適用する場合があります。これを便益関税制度といっています。

ⓑEPA/FTA税率（EPA特恵税率）

経済連携協定により相手国に対して譲許した税率で、それぞれの締約国の原産品に対して適用されるものです。協定により関税が撤廃されたり、毎年関税率を引下げて最終的には関税を撤廃するものなど様々です。

最近発効したEPA/FTAには、TPP11協定（CPTPP）、EU協定、英国協定、米国協定などがあります。

2. 関税の適用順位

関税の適用順位は、次のとおりです。

①特恵受益国の原産品の輸入には、**特恵税率**が適用されます。

②基本税率・協定税率・暫定税率の適用順位は次のとおりです。

a) 国定税率においては、基本税率と暫定税率の2つが定められている場合は、常に暫定税率が適用されます。

b) 国定税率と協定税率を比べて国定税率が協定税率を超えているときには、協定税率が適用されます。もし、国定税率と協定税率がイコールであったならば、国定税率が適用されます。

なお、協定税率を適用する場合は、原則として「原産地証明書」が必要になります。

では、具体的に考えてみましょう。

次のような関税率の貨物（米国の原産品）を米国から輸入する場合、どの税率が適用されるか見ていきましょう。

関税の適用税率（図表4-26）

	基本税率	協定税率	特恵税率	暫定税率
税率	3%	5%	Free	4%

この場合、米国は特恵受益国ではありませんから「特恵税率」の適用はありません。

次に国定税率を見てみます。基本税率と暫定税率の2つがある場合は、暫定税率が適用されます。したがって、この例の場合は、基本税率は無視していただいて結構です。

国定税率は、暫定税率の4％となります。そして、これと協定税率を比較します。

協定税率5％＞暫定税率4％ですので、暫定税率4％が適用税率になることがわかります。

このようにして導き出された税率は、WTO加盟国が最恵国待遇の原則の下で適用される税率で、**MFN（Most Favored Nation）税率**ともいいます。

③EPA/FTA税率

通常は、EPA/FTA税率がMFN税率よりも有利であるはずですが、一部の物品については、関税を段階的に引下げているものもあり、MFN税率が有利な年もあります。このような場合にはMFN税率を適用したほうが有利になります。

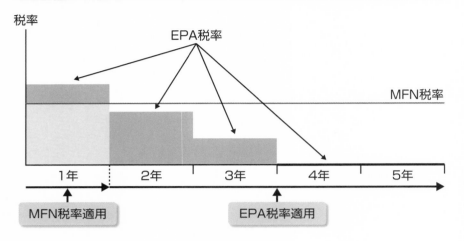

MFN税率とEPA税率（図表4-27）

④特恵関税とEPA/FTA税率の優先順位

　この場合は、原則としてEPA/FTA税率が優先して適用されます。ただし、特別特恵受益国の原産品の場合は、輸入者が決定することができます。

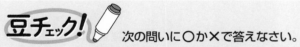

豆チェック！　次の問いに〇か×で答えなさい。

❶協定税率は、WTO加盟国・地域の原産品にのみ適用される税率である。

❷イタリアのジェノバから輸入する場合で、基本税率5%、協定税率4%、暫定税率4%、特恵関税がFreeである場合、適用される税率は暫定税率の4%である。

Answer

❶ ×　協定税率は、WTO加盟国・地域のほか、便益関税適用国に対しても適用されます。

❷ 〇　イタリアは特恵受益国ではないため、特恵関税は適用されません。この場合、国定税率である暫定税率と協定税率が同じ税率なので、暫定税率が適用されます。

15 関税・消費税・地方消費税の計算

　貨物を輸入する場合、**関税**、**消費税**、**地方消費税**などの税金が徴収されます。また、お酒を輸入する場合は**酒税**が、ガソリンを輸入する場合は**揮発油税**や**地方揮発油税**が課税されます。

　ここでは、関税、消費税、地方消費税の計算方法について見ていきましょう。

1. 関税の計算

　関税は、次のような計算式で求めることができます。

> **課税標準 × 関税率 ＝ 関税額**

　課税標準とは、関税の計算の基となる輸入貨物の取引価格、重量、面積などをいいます。

　輸入貨物の取引価格が課税標準となる貨物を**従価税品**といい、課税標準となる貨物の取引価格を特に**課税価格**といいます。また、輸入貨物の重量、面積などが課税標準となる貨物を**従量税品**といいます。さらに、輸入貨物の取引価格と重量などを組み合わせて課税される貨物を**従価従量税品**といいます。

　1つ簡単な例を挙げましょう。

　課税価格が1,236,000円の貨物で、関税率が5％の場合、納付すべき関税額はいくらでしょうか。

　1,236,000 × 5％ ＝ 61,800円であることがわかります。実際には、計算にあたり端数処理に注意しなければなりません。

　課税価格に千円未満の端数があるときには、切り捨てて計算します。例えば、126,780円が課税価格であった場合は千円未満を切り捨て、126,000円にして計算します。

　また、計算した関税額に百円未満の端数があった場合は、それを切り捨てたものが納付すべき関税額となります。

　この例で税率7.5％であった場合は、次のようになります。

> **課税価格**
> **126,780円**
> 　126,000 × 7.5％ ＝ 9,450円
> 　（千円未満切捨て）
>
> **納付すべき関税額9,400円（百円未満切捨て）**

2. 消費税と地方消費税の計算

　消費税と地方消費税は、関税と異なり、貨物ごとの税率が異なるということはありません。

　注意すべきことは、**飲食料品は軽減税率が適用されます**から、それを区別することです。

　現在の消費税率は、**7.8%（軽減税率6.24%）**です（一般に消費税率が10%といわれているのは、国税である消費税率と地方消費税率を合計したものです）。

　また、地方消費税率は、消費税額の**22／78（消費税率7.8%の場合は2.2%）**になります。軽減税率が消費税で適用された場合でも、地方消費税の税額の計算方法は同じです。

■消費税の計算

　課税価格が1,345,600円、関税率3.5%の場合の消費税（税率7.8%）を計算してみましょう。

　まず、関税額を計算します。

（関税額）

> **1,345,000円（千円未満切捨て）× 3.5% ＝ 47,075円**

➡納付すべき関税額47,000円（百円未満切捨て）

（消費税額）

　消費税の課税価格の算出にあたっては、まず、端数処理をしない貨物の価格と、端数処理がされた納付すべき関税額とを加算します。

> **1,345,600円＋47,000円＝1,392,600円**

　次に、千円未満を切り捨てたものに消費税率（7.8%）を乗じます。

　計算された消費税額に百円未満の端数がある場合は、それを切り捨てて、納付すべき消費税額を算出します。

1,392,000円（千円未満切捨て）× 7.8% ＝ 108,576円

➡ 納付すべき消費税額108,500円（百円未満切捨て）

■ 地方消費税の計算

　地方消費税額は、納付すべき消費税額に22/78を乗じて求めます。

　計算された地方消費税額に百円未満の端数がある場合は、切り捨てて、納付すべき地方消費税額を算出します。

108,500円 × 22/78 ＝ 30,602円

➡ 納付すべき地方消費税額30,600円（百円未満切捨て）

関税額、消費税額、地方消費税額の計算チャート（図表4-28）

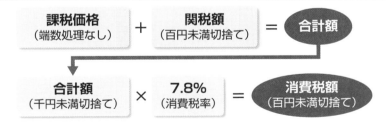

※なお、軽減税率が適用される場合（飲食料品）、消費税率は6.24%、地方消費税率は消費税額の22/78となります。

139

3. 1回の申告で複数の貨物を申告する場合の計算

　一つひとつの貨物の関税額、消費税額、地方消費税額の算出の方法は同じです。その算出後、納付すべき関税額、消費税額、地方消費税額の合計を求める方法に注意しなければなりません。

（例）Aの貨物とBの貨物をまとめて1回の申告で行う場合（図表4-29）

Aの貨物の関税額	100,160円
消費税額	105,456円
地方消費税額	29,728円
Bの貨物の関税額	56,580円
消費税額	78,000円
地方消費税	22,000円

　この場合、チャートどおりにそれぞれの貨物の各税目を算出しますが、その際に最後の百円未満切捨ての端数処理をせずに、それぞれの貨物を各税目ごとに合算します。合算したのちに百円未満を切り捨てます。

　納付すべきそれぞれの税額は、次のようになります。

納付すべき関税額

100,160円 +56,580円＝ 156,740円 ➡ 156,700円（百円未満切捨て）

納付すべき消費税額

105,456円 +78,000円＝ 183,456円 ➡ 183,400円（百円未満切捨て）

納付すべき地方消費税額

29,728円 +22,000円＝ 51,728円 ➡ 51,700円（百円未満切捨て）

次の問いに答えなさい。

次の貨物の関税、消費税、地方消費税を算出してください。

輸入貨物の課税価格	2,345,780円
関税率	4.2%
消費税	7.8%
地方消費税率	消費税額の $\dfrac{22}{78}$

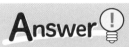

（関税額）

2,345,000円（千円未満切捨て）× 4.2% = 98,490円

➡**納付すべき関税額　98,400円**（百円未満切捨て）

（消費税額）

2,345,780円（端数処理なし）+ 98,400円（納付すべき関税額）= 2,444,180円

2,444,000円（千円未満切捨て）× 7.8% = 190,632円

➡**納付すべき消費税額　190,600円**（百円未満切捨て）

（地方消費税額）

190,600円（納付すべき消費税額）× 22/78 = 53,758円

➡**納付すべき地方消費税額　53,700円**（百円未満切捨て）

---

16 関税の減免税（1）

1. 再輸出免税と無条件免税

A. 再輸出免税（関税定率法17条）

　輸入許可の日から原則として1年以内に輸出される後述の貨物については、その輸出を条件に関税が免除されます。また、再輸出されるまで、本邦内で特定の用途に使われることも免税の条件です。例えば、修繕される貨物が再輸出免税の適用により免税輸入された場合で、輸入後、修繕以外の用途に使われた場合には、直ちに関税が徴収されることになります。そのため、適用にあたって税関長は、輸入者に担保の提供を命じることもあります。

■要件

次に掲げる貨物で輸入され、その輸入の許可の日から原則として1年以内に輸出されること、及び、列挙された用途に使用することが、再輸出免税の条件です。

1. 加工される貨物又は加工材料となる貨物で、政令で定めるもの

2. 輸入貨物の容器で、政令で定めるもの

3. 輸出貨物の容器として使用される貨物で、政令で定めるもの

4. 修繕される貨物

5. 学術研究用品

6. 試験品

7. 貨物を輸出し、又は輸入する者が当該輸出又は輸入に係る貨物の性能を試験し、又は当該貨物の品質を検査するため使用する物品

8. 注文の取集め若しくは製作のための見本又はこれに代わる用途のみを有する写真、フィルム、模型その他これらに類するもの

9. 国際的な運動競技会、国際会議その他これらに類するものにおいて使用される物品

10. 本邦に入国する巡回興行者の興行用物品並びに本邦に入国する映画製作者の映画撮影用の機械及び器具

11. 博覧会、展覧会、共進会、品評会その他これらに類するものに出品するための物品

12. 本邦に住所を移転するため以外の目的で本邦に入国する者がその個人的な使用に供するためその入国の際に携帯して輸入し、又は政令で定めるところにより別送して輸入する自動車、船舶、航空機その他政令で指定する物品

13. 条約の規定により輸入の後一定の期間内に輸出されることを条件として関税を免除することとされている貨物で政令で定めるもの

B. 無条件免税（関税定率法14条）

次に掲げる物品は、**無条件免税**の対象となります。再輸出免税の場合と異なり、**輸入後の用途制限はありません**。

■要件

　次に掲げる貨物で輸入されるものは無条件免税が適用されます。

1. 天皇及び内廷にある皇族の用に供される物品
2. 本邦に来遊する外国の元首若しくはその家族又はこれらの者の随員に属する物品
3. 外国若しくはその行政区画である公共団体、国際機関等から本邦に居住する者に贈与される勲章、賞はいその他これらに準ずる表彰品及び記章
4. 国際連合又はその専門機関から寄贈された教育用又は宣伝用の物品及びこれらの機関によって製作された教育的、科学的又は文化的なフィルム、スライド、録音物その他これらに類する物品
5. 博覧会等への参加国（博覧会等に参加する外国の地方公共団体及び国際機関を含む。）が発行した当該博覧会等のための公式のカタログ、パンフレット、ポスターその他これらに類するもの
6. 記録文書その他の書類
7. 国の専売品で政府又はその委託を受けた者が輸入するもの
8. 注文の取集めのための見本。ただし、見本用にのみ適すると認められるもの又は著しく価額の低いものとして政令で定めるものに限る。
9. 本邦から輸出される貨物の品質が仕向国にある機関の定める条件に適合することを表示するために、当該貨物の製造者が当該貨物に貼り付けるラベルで、当該貨物を輸出するために必要なもの
10. 本邦に住所を移転するため以外の目的で本邦に入国する者がその入国の際に携帯して輸入し、又は別送して輸入する物品のうち、その個人的な使用に供するもの及び職業上必要な器具（自動車、船舶、航空機その他政令で指定する物品を除く。）
11. 本邦に住所を移転するため本邦に入国する者がその入国の際に携帯して輸入し、又は別送して輸入する物品のうち、その個人的な使用に供するもの及び職業上必要な器具（自動車、船舶、航空機その他政令で指定する物品を除く。）
12. 本邦の在外公館から送還された公用品

13. 本邦から輸出された貨物でその輸出の許可の際の性質及び形状が変わっていないもの（「再輸入免税」のこと。）

14. 本邦から輸出された貨物の容器のうち、当該輸出の際に使用されたもの又は輸入の際に使用されているもの

15. 遭難した本邦の船舶又は航空機の解体材及びぎ装品

16. 本邦から出港した船舶又は航空機によって輸出された貨物で当該船舶又は航空機の事故により本邦に積み戻されたもの

17. 身体障害者用に製作された器具等

18. ニュース映画用のフィルム（撮影済みのものに限る。）及びニュース用のテープ（録画済みのものに限る。）。ただし、内容を同じくするものについては、そのうちの2本以内に限る。

19. 課税価格の合計額が1万円以下の物品（本邦の産業に対する影響その他の事情を勘案してこの号の規定を適用することを適当としない物品として政令で定めるものを除く。）

　注文の取集めのための見本、つまり「**サンプルの輸入**」の場合については、関税定率法14条の「**無条件免税**」が適用される場合と、関税定率法17条の「**再輸出免税**」が適用される場合が考えられます。

　無条件免税の対象になるサンプルは、**見本用にのみ適すると認められるもの**又は**著しく価額の低いもの**として政令（関税定率法施行令）で定められているもの、とされています。このうち、著しく価額の低いものとは、**見本のマーク**を付した物品など見本用に供するための処置を施した物品で**課税価格の総額が5,000円以下**のものや、見本に供する範囲内の量に包装した物品又は1個の課税価格が**1,000円以下**の物品で**総額が5,000円以下**のもの、と政令では定めています。ただし、酒類は除かれます。

　一方、この無条件免税の要件に該当しないサンプルの場合には、輸入許可の日から**1年以内に輸出**することを条件に**再輸出免税**（関税定率法17条1項7号）の適用を受け、免税輸入ができます。

C. 特定用途免税

特定用途免税は、**輸入許可の日から２年間は一定の用途に使用**する、ということを条件に免税されるものです。そして、輸入許可の日から2年以内に**一定の用途以外の用途に供され**、又は**一定の用途以外の用途**に供するため**譲渡**された場合には、**免税された関税が直ちに徴収**されます。そのため、適用にあたって税関長は、輸入者に**担保の提供**を命じることもあります。

適用対象となる貨物のうち、入国者が携帯し、又は別送して輸入する**自動車、船舶、航空機**については、**特定用途免税**にも**再輸出免税**にも規定されています。

しかし、適用にあたり次のような違いがあります。本邦に住所を移転するため本邦に入国する者が、入国前に使用した自動車、船舶などを**輸入許可後２年間**、輸入者又は家族の個人的な使用を行うことを条件に免税されるのが**特定用途免税**です（関税定率法15条1項9号）。なお、この場合、免税対象になる船舶、航空機については、その入国前1年以上使用した者に限られます。

一方、本邦に住所を移転するため以外の目的で本邦に入国する者の場合は、個人的な使用に供するためのものであっても、特定用途免税は適用されません。ただしこの場合は、輸入許可の日から**１年以内に輸出**することが必要な**再輸出免税**により免税輸入が可能になります。

特定用途免税の適用対象となる貨物は、以下のとおりです。

■要件

（特定用途免税）関税定率法15条

1. 国若しくは地方公共団体が経営する学校、博物館、物品陳列所、研究所等や国及び地方公共団体以外の者が経営するこれらの施設のうち一定のものに陳列する標本若しくは参考品又はこれらの施設において使用する学術研究用品（新規の発明に係るもの又は本邦において製作することが困難と認められるものに限る。）若しくは教育用のフィルム（撮影済みのものに限る。）、スライド、レコード、テープ（録音済みのものに限る。）その他これらに類する物品

2. 学術研究又は教育のため国・地方公共団体が経営する学校等の施設に寄贈された物品

3. 慈善又は救じゅつのために寄贈された給与品及び救護施設等に寄贈された物品で給与品以外のもののうち、これらの施設において直接社会福祉の用に供するものとして認められるもの

4. 国際親善のため、国又は地方公共団体にその用に供するものとして寄贈される物品

5. 儀式又は礼拝の用に直接供するため宗教団体に寄贈された物品で財務省令で定めるもの

6. 赤十字国際機関又は外国赤十字社から日本赤十字社に寄贈された機械及び器具で、日本赤十字社が直接医療用に使用するものと認められるもの

7. 博覧会等において使用するため博覧会等への参加者が輸入する次に掲げる物品。ただし、博覧会等の開催の期間及び規模、物品の種類及び価格その他の事情を勘案して相当と認められるものに限る。

    ア 博覧会等への参加者が、当該博覧会等の会場において観覧者に無償で提供するカタログ、パンフレット、ポスターその他これらに類するもの

    イ 博覧会等への参加者が、当該博覧会等の会場において観覧者に無償で提供する博覧会等の記念品及び展示物品の見本品

    ウ 博覧会等（政令で定めるものに限る。）の施設の建設、維持若しくは撤去又はその運営のために博覧会等の会場において消費される物品のうち政令で定めるもの

8. 航空機の発着又は航行を安全にするため使用する機械及び器具等

9. 本邦に住所を移転するため本邦に入国する者がその入国の際に輸入し、又は別送して輸入する自動車、船舶、航空機等の物品で当該入国者又はその家族の個人的な使用に供するもの。ただし、その入国前にこれらの者がすでに使用したもの（船舶及び航空機については、その入国前1年以上これらの者が使用したもの）に限る。

10. 条約の規定により、輸入の後特定の用途に供されることを条件として、関税を免除することとされている貨物で、政令で定めるもの

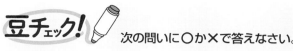

次の問いに〇か×で答えなさい。

❶特定用途免税は、輸入許可後1年間は特定の用途に供することを条件に免税するものである。

❷再輸出免税の適用を受けた試験品は、輸入申告の日から原則として1年以内に輸出することが必要である。

Answer

❶ ×　特定用途免税は、輸入許可後1年間ではなく、2年間は特定の用途に供することを条件に免税するものです。

❷ ×　再輸出免税の適用を受けた試験品は、輸入申告の日からではなく、「輸入許可」の日から原則として1年以内に輸出することが必要です。

---

17 関税の減免税（2）

1. 再輸入免税（関税定率法14条10号）

　日本から輸出した貨物を輸出時の状態で再輸入する場合、関税が免除される制度です。すなわち、本邦から輸出された貨物でその**輸出の許可の際の性質及び形状が変わっていないもの**を輸入する場合に適用されます。

2. 加工又は修繕のため輸出された貨物の減税（関税定率法11条）、及び、加工又は組立てのため輸出された貨物の減税（関税暫定措置法8条）

　関税定率法11条に定める「加工又は修繕のため輸出された貨物の減税」と、関税暫定措置法8条に定められている「加工又は組立てのため輸出された貨物の減税」の適用にあたり、その趣旨の違いを知っておく必要があります。

A. 関税定率法11条「加工又は修繕のため輸出された貨物の減税」

（要件）

　加工又は修繕のため本邦から輸出され、その**輸出の許可の日から原則として1年以内に輸入される貨物**であることが要件です。また、**加工のためのものについ**

ては、本邦においてその加工をすることが**困難であると認められるもの**に限られます。

（減税額）

　当該輸入貨物の関税の額に、当該貨物が輸出の許可の際の性質及び形状により輸入されるものとした場合の課税価格の当該輸入貨物の課税価格に対する割合を乗じて算出した額の範囲内において、その関税を軽減することができます。

（減税額計算の考え方）

①原料を本邦から外国に輸出する。

②外国において原料を加工し製品を作る。

　外国において原料を加工し、製品を作るということは、外国で価値が付加されたことになります。つまり、「輸入される製品＝本邦から輸出された原料＋付加価値」とみることができるわけです。

③製品を本邦に輸入する。

　製品に対してその関税が課されますが、その際、**原料部分**については**本邦から輸出されたもの**であることから、この部分に相当する関税は軽減対象としよう、という趣旨です。

B. 関税暫定措置法8条「加工又は組立てのため輸出された貨物の減税」（暫8）

（要件）

　加工又は組立てのため、本邦から輸出された貨物を原料又は材料とした次に掲げる製品で、その**輸出の許可の日から原則として1年**（税関長が1年を超えることがやむを得ない理由があると認める場合には1年を超え税関長が指定する期間）以内に**輸入されるもの**については、その関税を軽減することができるというものです。

（対象になる輸入貨物）

　a. 皮革製品（野球用グローブ及びミットを除く）

　b. 繊維製品

　c. 革製の履物の甲

C. 関税定率法11条による減税と関税暫定措置法8条による減税の比較

　関税定率法11条で定める「加工又は修繕のため輸出された貨物の減税」につい

ては、加工原材料を海外に送り、海外で加工してできた製品を輸入する場合で、その**加工が日本において困難**な場合に限り適用されるものです。なお、修繕については、このような制限はありません。

　一方、関税暫定措置法8条に規定する「加工又は組立てのため輸出された貨物を原材料とした製品の減税」の場合は、減税対象になる輸入貨物が限定されているものの、関税定率法11条と異なり、加工することが日本において困難でなければならないという制限はありません。

　この2つの減税制度の共通の趣旨は「**国内産業の保護**」ですが、その保護の方法が異なります。

　関税定率法11条は、日本で困難な加工のみ海外で行うことはやむを得ないとするものの、それ以外の場合は日本において行うべきである、という趣旨の下に規定されています。一方、関税暫定措置法8条については、日本の**特定産業の原料生産工程を保護**するという趣旨の下に規定されています。しかしながら現実問題として、多くの製造業者にとって海外に拠点を置くことは避けられません。そのような状況を踏まえつつも、国内産業保護の観点からすべての生産工程が海外に移ることを防止し、「**原料生産工程**」を国内に残すことで**産業の空洞化の防止**を図る、ということを趣旨とする暫定的な減税制度です。

　例えば、関税暫定措置法8条の対象となる「革製の履物の甲」は、中国や発展途上国から輸入される安価な革靴に対する国内産業保護のための政策の1つです。すなわち、日本の優れた**国産なめし革**を使って海外で革履物の甲の部分を加工し、生産コストの軽減を図り、**国内靴産業界**の**国際競争力**をつけようというものです。

豆チェック！ 次の問いに〇か×で答えなさい。

❶ 加工のため本邦から輸出されるもので、関税定率法11条の規定する「加工又は修繕のため輸出された貨物の減税」の適用を受けようとするものは、本邦において加工することが困難なものの場合に限られる。

❷ 加工又は組立てのため輸出された貨物を原材料とした製品で、関税暫定措置法8条の規定を適用して輸入される貨物は、材料の輸出許可の日から原則と

して1年以内に輸入されるものに限られ、輸入される貨物についての制限は
ない。

Answer 💡

❶ ○　加工のため本邦から輸出され、関税定率法11条の適用を受けようとする
場合は、その輸出の許可の日から原則として1年以内に輸入される貨物である
こと、そして、本邦において加工をすることが困難であると認められる貨物で
あることが必要です。

❷ ✕　関税暫定措置法8条の規定の適用を受けることができる貨物は、皮革製
品、繊維製品、革製の靴の甲に限られています。

18 関税の戻し税

1. 輸入時と同一状態で再輸出される場合の戻し税（関税定率法19条の3）

　戻し税制度は、**輸入品の売れ残りを再輸出する**ことをあらかじめ見越したような
場合に利用できる制度です。例えば、海外から国内での販売を委託されて売れ残っ
た場合などに利用されるものです。

　この戻し税制度を利用するためには、貨物の輸入申告の際に売れ残りを見越し、
当該貨物の再輸出の予定時期などや輸入時の貨物の性質及び形状を記した書面を提
出し、**税関長の確認**を受けることが必要です。さらに、税関長は、必要があると認め
るときは、輸入の際に、貨物への記号の表示など、再輸出時に確認をとるための措
置を講ずることを求めることがあります。

　この戻し税の適用を受ける場合の要件は、次のとおりです。

（要件）

1. 関税を納付して輸入された貨物のうち、その**輸入の際にこの戻し税の適用を
受けようとする旨**を税関長に届け出たものであること。
2. 関税を納付して輸入された貨物で、その**輸入時の性質・形状が変わっていな
い**ものを本邦から輸出すること。
3. その貨物が**輸入許可の日から原則として1年以内に輸出される**ものであること。

払い戻されるのは、輸出した貨物について輸入時に納付した**関税の全額**（附帯税の額を除く）です。

2. 違約品等の再輸出又は廃棄の場合の戻し税（関税定率法20条）

関税を納付して輸入された貨物が、契約どおりのものでなかった場合、あるいは、法律により輸入後、販売・使用を禁止された場合などに、輸入時に納付した関税の払戻しを受けることができるという制度です。

これは、輸入時と同一条件で再輸出される場合の戻し税とは異なり、**輸入の際の手続は必要ありません**。また、払い戻しを受けようとする場合、貨物を**保税地域に搬入する期間**は定められていますが、**再輸出期間の制限**はありません。

この戻し税を受ける場合の要件は、次のとおりです。

（要件）

1. 関税を納付して輸入された貨物で、その**輸入時の性質及び形状に変更を加えな**いものを、本邦から**輸出**（下記3のア、イの場合は**返送**に限る。）すること。
2. その貨物が輸入許可の日から原則として**6月以内に保税地域等**に入れられたものであること。
3. 輸出される貨物が次のいずれかに該当するものであること。
   ア　品質又は数量等が**契約の内容**と**相違**するため返送することがやむを得ないと認められる貨物
   イ　**個人的な使用**に供する物品で**通信販売等の方法**により販売されたものであって、**品質等が輸入者の予期しなかったものである**ため返送することがやむを得ないと認められる貨物（例えば通信販売により輸入された個人用の物品で、契約違反以外の理由、すなわち色やサイズが合わないという理由で返送する場合、戻し税の対象となる。）
   ウ　**輸入後において法令**（これに基づく処分を含む。）によりその販売若しくは使用又はそれを用いた**製品の販売・使用が禁止**されるに至ったため輸出することがやむを得ないと認められる貨物
   　　※なお、一部地域での販売が禁止されるに至った場合で、貨物を輸出することがやむを得ないとまではいえない場合は、除かれる。

4. 上記の輸入貨物の廃棄がやむを得ないと認められる場合は、**輸入許可の日から6月以内に保税地域等**に入れ、あらかじめ**税関長の承認**を受け**廃棄**したときは、戻し税の対象となる。しかし、税関長の承認を受けないで廃棄した場合には、戻し税の対象にはならない。

（払い戻しの額）

　払い戻されるのは、輸出をした貨物について輸入時に納付をした**関税の全額**（附帯税の額を除く）です。

　また、承認を受けて廃棄した場合も、廃棄貨物について納付した関税の全額が払い戻されます。

3. 変質、損傷した場合の戻し税（関税定率法10条）

　輸入許可後、輸入貨物が**変質・損傷**した場合、一定の要件下で納付した関税が払い戻されます。変質とは、化学的変化により貨物の経済的価値が減少することで、損傷は、物理的変化によって貨物の経済価値が減少することです。

　一定要件下というのは、輸入許可後、引き続き保税地域等に置かれている間に、**災害その他やむを得ない理由**により**滅失**し、又は**変質・損傷**した場合です。この場合には、その関税の全部又は一部を払い戻すことができます。

（払い戻しの金額）

　払い戻される関税額は、**滅失**の場合は**全額**です。また、変質・損傷の場合は、納付した関税の額と変質・損傷後の貨物の価格に対する**関税の額の差額**を軽減する方法と、変質・損傷による**価値の減少**に基づく**価格の低下率**を基準に関税を軽減する方法があり、軽減額を適用します。

 **次の問いに〇か×で答えなさい。**

❶保税地域からの搬出後、災害のため変質して貨物の価値が減少した場合、関税定率法10条2項に基づき、すでに納付した関税の戻し税を受けることができる。

❷どのような場合であっても、輸入貨物が売れ残ったために、輸入許可のとき
と性質・形状が変わっていないものを輸入許可の日から１年以内に輸出する
ときは、関税定率法19条の3に規定する輸入時と同一状態で再輸出される場
合の戻し税を受けることができる。

Answer 💡

❶ ✕　払い戻しを受けることができる場合は、輸入許可後引き続き保税地域等
に置かれている間に災害その他やむを得ない理由によって変質などした場合で
す。保税地域からの搬出後は、戻し税の対象にはなりません。
❷ ✕　関税定率法19条の3に規定する輸入時と同一状態で再輸出される場合の
戻し税の適用を受けるには、再輸出しようとする貨物について、輸入時にあら
かじめ戻し税の適用を受ける旨を税関長に届け出ておく必要があります。

19 相殺関税と不当廉売関税

1. 相殺関税

　生産や輸出について国からの補助金を受けた貨物が当該国から輸入され本邦の生
産者が損害を受けた場合、その補助金の額を限度として課する関税を相殺関税とい
います。

　この場合、貨物の輸出者や輸出国等及び期間（原則として5年以内）を指定し、
通常の場合の関税のほか、当該補助金の額と同額以下の関税を課することができま
す。相殺関税を発動する場合の要件は、次のとおりです。

（要件）

1. 外国において**生産又は輸出について直接又は間接に補助金の交付**を受けた貨
   物の輸入がされること。
2. この貨物の輸入が本邦の産業に実質的な損害を与え、若しくは与えるおそれ
   があり、又は、本邦の産業の確立を実質的に妨げる事実があること。
3. 本邦の産業を保護するため必要があると認められること。

2. 不当廉売関税

　正常価格より低い価格でわが国に輸出されたことにより、本邦の産業が損害を受けた場合、**正常価格とそのダンピングされた価格との差額（不当廉売差額：ダンピング・マージン）を限度として課される関税を、不当廉売関税**といいます。この場合の正常価格とは、輸出国における消費に向けられる当該貨物と同種の貨物の通常の商取引における価格を指します。

　発動する場合の要件は、次のとおりです。

（要件）

1. **不当廉売**された貨物の輸入が行われていること。
2. この不当廉売により、**本邦の産業に実質的な損害を与え**、若しくは、与えるおそれがあり、又は本邦の産業の確立を実質的に妨げる事実があること。
3. **本邦の産業を保護**するため必要があると認められること。

　相殺関税及び不当廉売関税は、時事的な要素でもありますので、日々の新聞・ニュースなども見ておきましょう。

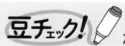　次の問いに〇か×で答えなさい。

❶不当廉売関税は、正常価格より低い価格で本邦に輸入されている場合、直ちに課されるものである。

❷生産や輸出について国からの補助金を受けた貨物が当該国から輸入され本邦の生産者が損害を受けた場合、その補助金の額を限度として課する関税を相殺関税という。

Answer

❶ ×　不当廉売関税は、正常価格より低い価格で本邦に輸入されるだけでは、賦課されません。当該不当廉売の結果、貨物の輸入が本邦の産業に実質的な損害を与え、若しくは与えるおそれがあり、又は、本邦の産業の確立を実質的に妨げる事実があること、かつ、本邦の産業を保護するため必要があると認められることが必要です。

❷ ○　相殺関税とは、生産や輸出について国からの補助金を受けた貨物が当該国から輸入され本邦の生産者が損害を受けた場合、その補助金の額を限度として課する関税のことをいいます。

20 通関業法の知識

1. 通関業法の目的

通関業法1条には、通関業法の目的が規定されています。

・・

「この法律は、通関業を営む者についてその**業務の規制**、**通関士の設置**等必要な事項を定め、その業務の**適正な運営**を図ることにより、**関税の申告納付**その他貨物の通関に関する**手続**の**適正**かつ**迅速**な実施を確保することを目的とする。」

・・

1967（昭和42）年、「税関貨物取扱人法」に代わって、「通関業法」が施行されました。

それまで、関税は賦課課税方式により課税されていましたが、貿易取引が拡大していく中、この年から**申告納税方式**が採用されるようになったのです。

このため、この制度の適正な運用を図るため通関業制度を制定して、この中で通関手続と輸入税務の専門家である通関士の制度を創設し、通関業者に対し税関に提出する一定の書類を通関士に審査させるよう通関業法で義務付けました。

これにより、関税の申告納付その他貨物の通関に関する手続の適正かつ迅速な実施を確保することが図られたのです。

2. 通関業務

通関業務は、次の**手続、行為について依頼者の代理又は代行をすること**と**通関書類の作成をする業務**をいいます。

・・

①通関手続

②関税法その他関税に関する法令によってされた処分について、行政不服審査法又は関税法の規定に基づいて、**税関長又は財務大臣に対してする不服申立て**

③通関手続、不服申立て、関税法その他関税に関する法令に基づく税関官署の調査、

検査などについて**税関官署に対してする主張又は陳述**

このうち通関手続とは、輸入（納税）申告、輸出申告、保税運送の申告手続、修正申告、更正の請求、蔵入承認申請手続、特例輸入者の承認申請手続、特定輸出者の承認申請手続などです。

3. 関連業務

通関業者は、他の法律で制限がされていない範囲で、通関業務のほかにその**関連業務**として、**通関業者の名称を用いて**、他人の依頼に応じ、**通関業務に先行**し、**後続**し、その他当該業務に**関連する業務**を行うことができます。

通関業務に先行する関連業務には事前教示照会、外国貨物運送申告などがあり、通関業務に後続する関連業務には関税の払戻しの手続があります。また、その他当該業務に関連するものには、外国貨物仮陸揚届、輸出差止申立て又は輸入差止申立てに対する意見書提出等があります。

4. 通関業の許可

通関業を営もうとする者は、**財務大臣の許可**を受ける必要があります。通関業の許可を受けると、通関業務を行う営業所の所在地にかかわらず、すべての税関の管轄区域内において通関業務を行うことができます。通関業の許可にあたり、許可申請について通関業法で規定する**許可基準**に該当しているか、及び**欠格事由**に該当していないかが審査されます。

A. 通関業の許可基準

次のような許可基準が定められています。

①許可申請に係る通関業の**経営の基礎**が確実であること。

②許可申請者が、その人的構成に照らしてその行おうとする通関業務を**適正に遂行することができる能力**を有し、かつ、**十分な社会的信用**を有すること。

③許可申請に係る通関業を営む営業所について、通関業法13条に規定する**通関士設置要件**を備えることとなっていること。

B. 欠格事由

通関業法には**欠格事由**が規定されており、これに該当する場合は、通関業の許可を受けることはできません。例えば、破産手続開始の決定を受けて復権を得ない者や、禁固以上の刑に処せられた者でその刑の執行を終わった日から3年を経過しない者などが該当します。

5. 通関業者の義務

通関業法では、通関業者の義務を次のように規定しています。

・・

①**通関士の設置義務**（通関業法13条1項）
②**通関士に通関書類を審査させ、これに記名させる義務**（通関業法14条）
③**名義貸しの禁止**（通関業法17条）
④**料金掲示の義務**（通関業法18条）
⑤**秘密を守る義務**（通関業法19条）
⑥**信用失墜行為の禁止**（通関業法20条）
⑦**記帳・届出・報告等の義務**（通関業法22条）

※②は、「通関士に通関書類を審査させ、これに記名押印させる義務」でしたが、「デジタル社会の形成を図るための関係法律の整備に関する法律」により、1991（平成3）年9月、押印については廃止されました。

・・

6. 通関士

通関業者は、通関士試験に合格した者を、「通関士」という名称を用いてその通関業務に従事させようとするときは、**財務大臣**に届け出て、欠格事由等に該当しないことの「確認」を受ける必要があります。

そして、確認を受けて初めて「**通関士**」と名乗ることができます。

通関士には、次のような義務が通関業法上定められています。

・・

①**名義貸しの禁止**（通関業法33条）
②**秘密を守る義務**（通関業法19条）

③信用失墜行為の禁止（通関業法20条）

・・

　なお、通関業務の従業者にも、通関業法上・通関業者、通関士と同様に「秘密を守る義務」が課されています。

　次の問いに〇か×で答えなさい。

❶通関業を営もうとする者は、財務大臣の許可を受けなければならない。

❷通関業法上、通関士には秘密を守る義務がある。

Answer

❶ 〇　通関業者を営もうとする者は、財務大臣の許可を受ける必要があります。

❷ 〇　通関業法上、通関士には秘密を守る義務があります。なお、通関業者及びその従業者も同様に秘密を守る義務があります。

第**V**部

国際物流の知識を 突破する方法

　国際物流とは、国を超えたモノの取引の流れの ことです。まず、「物流」、「流通」、「サプライチェー ン・マネジメント（SCM）」等の包括的な概念を理 解していきましょう。

　ここでは、物流についての概略、船舶及び航空機 等の輸送手段や、それらが貨物輸送時に使用する 航路、貨物のやり取りに使用される書類、法規制に ついて具体的に学んでいきます。

❶流通の意義

1. 流通のしくみ

　原料品を調達し、生産工場で製品が作られ、その製品を最終需要者に届けるしくみを「流通」といいます。

　生産者から消費者までの間の様々な隔たりを乗り越えて、製品は消費者の手元に届きます。

　例えば、1つの製品を作るにも、生産工程は時代を経るにつれて高度化し、より複雑になっていくことがあります。この場合、新素材や新技術によって、最終製品に今までなかった付加価値を付与するために必要な工程が増えるというケースもあれば、コストカットのために工程が変化するというような場合も考えられます。

　そして、それらの原料品や半製品を別の工場や物流拠点に送ることでモノの流れを一括管理できるような体制があると、コストカットやリードタイムの短縮につながります。このような流れを経て販売網、つまり卸業者や小売店に製品を届けることで、自社の持つネットワークだけでは届かない消費者にまで製品を拡販することができます。

　そうして、多くの人の目に触れる店頭やECサイト等でお目当ての製品を見つけることができるようにすることで、我々一般消費者の手元に製品が届きます。

　こうした製品の一連の流れが「流通」です。製品のコストカットの実現や販売チャネルの拡大といった要因によってこれらは複雑化する一方で、より効率的になっていくこともあります。

　また、生産工程や物流工程の効率化、販売チャネル拡大のためにコストが増大したとしても、在庫の適正化が図れる流通システムを構築すれば、全体のコストが下がることもあります。

　こうした流通や物流の効率化については、❸サプライチェーン・マネジメント（SCM）の部分で詳しく触れていきます。

流通のしくみ（図表5-1）

2. 所有・場所・時間の隔たり

　生産者と最終需要者である消費者との間には、いくつもの隔たり（懸隔）があります。この隔たりは主に**所有**、**場所（空間）**、**時間の隔たり**に分けることができます。そして、これらの隔たりの橋渡しをするのが**流通**です。

A. 所有の懸隔

　生産者と最終需要者である消費者とが異なる場合、所有権の移転が必要になります。流通は、この所有権の移転がスムーズに行われるように橋渡しをする機能を有します。

＝「**生産する者**」と「**消費する者**」が異なる

例）卸売業者や小売業者による販売（**商流**）

B. 場所的懸隔（空間的懸隔）

　一般的に、生産は一定の場所で集中的に行われます。一方、消費活動は全国に分散されて行われます。このように、**生産する場所**と**消費される場所**が異なる場合、流通はその隔たりを橋渡しする機能を有します。

＝**生産地と消費地が距離的に離れている**

例）物流業者などによる輸送（**物流**）

C. 時間的懸隔

　この懸隔は、時点の隔たりを意味します。**生産が一定時期に集中的**に行われる一方、**消費はいろいろな時期に分散**してかつ**小刻み**に行われます。流通は、この異なる生産の時点と消費の時点という**時間的隔たり**を橋渡しする機能を有します。

＝**生産する時期**と**消費する時期**が異なる

例）倉庫業者などによる保管（**物流**）

　まとめると、「A. 所有の懸隔」を埋める流れを「**商流**」と呼び、「B. 場所的懸隔（空間的懸隔）」および「C. 時間的懸隔」を埋める流れを「**物流**」と呼びます。

　さらに、商流・物流に関連する情報の流れを「**情報流**」といいます。

商流・物流・情報流（図表5-2）

流通

商流
（所有の懸隔を埋める）
例）卸売業者、小売業者

物流
（場所の懸隔を埋める）
（時間の懸隔を埋める）
例）物流業者、倉庫業者

情報流

豆チェック！　次の問いに〇か×で答えなさい。

❶流通過程における工程が増加し複雑になっていくほど、コストカットや付加価値の付与がますます難しくなっていくので、一般的に工程数は少ない方がよいとされる。

❷流通には、「所有の懸隔」「物流の懸隔」「時間的懸隔」という、生産者と消費者の間の3つの隔たりを埋める機能が備わっている。

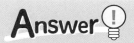

❶ ✕　生産・加工・流通の工程は複雑化あるいは増加の傾向にありますが、それらは、従来はなかったコストカットや付加価値付与の実現のために必要な工程である場合もあります。

❷ ✕　正しい流通の機能は、生産者と消費者の間の「所有の懸隔」「場所（空間）的懸隔」「時間的懸隔」の３つの隔たりを埋めるというものです。

２ 物流の意義

1. 物流の構成要素

「物流（Physical Distribution：フィジカルディストリビューション）」とは、製品が生産拠点で生産され、使用できる状態となって最終消費者のもとに届くまでの一連の流れのことです。場所的懸隔や時間的懸隔を埋める輸送・保管などを担当するのが物流です。

そして、この物流を構成する機能は「輸送」、「保管」、「荷役」、「包装」、「流通加工」、「情報システム」の6つに分けられます。

A. 輸送

輸送手段により貨物を拠点から拠点へ移動させ、**場所（空間）的隔たりを埋める機能**です。国際輸送では海上輸送、航空輸送、陸上輸送等を組み合わせた複合輸送が使用されます。また、貨物が国内に到着してから商流に届くまでの間にも輸送が必要です。こうした国内輸送においてはトラック、船舶、航空機、鉄道などが使われます。

B. 保管

倉庫等に貨物を貯蔵し、消費までの**時間的隔たりを埋める機能**です。また、製品の長期保存や在庫の備蓄を可能にし、製品の安定的かつ継続的な供給に寄与します。

C. 荷役

輸送手段から拠点へ、輸送手段から保管場所へ、あるいは輸送手段から輸送手段へといったように、貨物を**積み込む、降ろす、積み替える、仕分ける**といった作業を指します。陸上荷役と港湾荷役があります。

D. 包装（梱包）

貨物の輸送、保管、荷役等にあたり、その貨物の価値および様態を保護するために、適切な材料、容器等による**包装**及び**梱包**等を施す作業を指します。

E. 流通加工

製品に付加価値を加える作業を指します。**生産加工**と**販促加工**の2つに大別できます。

ⓐ**生産加工**：輸送を円滑にする目的で施される加工です。組立て、切断、冷凍、フリーズドライ等の手段を用い、製品そのものに手を加えます。

ⓑ**販促加工**：販売促進を目的に施される加工です。製品には直接手を加えませんが、値付け、セット組といった作業を行います。

F. 情報システム

情報システムを活用し情報を共有化することで、**コストの削減、リードタイムの短縮、サプライチェーンの効率化**を図ります。代表的なシステムとして、ERP（基幹系システム）、WMS（倉庫管理システム）、TMS（輸配送管理システム）等があります。

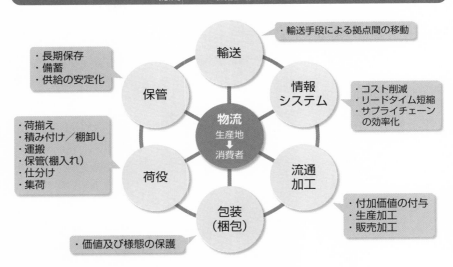

物流とその機能（図表5-3）

・輸送手段による拠点間の移動

輸送

情報システム
・コスト削減
・リードタイム短縮
・サプライチェーンの効率化

・長期保存
・備蓄
・供給の安定化

保管

物流
生産地
↓
消費者

流通加工
・付加価値の付与
・生産加工
・販売加工

・荷揃え
・積み付け／棚卸し
・運搬
・保管(棚入れ)
・仕分け
・集荷

荷役

包装（梱包）

・価値及び様態の保護

2. ロジスティクス

「ロジスティクス (Logistics)」とは、兵站(へいたん)の考え方やしくみを企業の物流に応用し、製品を効果的かつ効率的に移動、搬送、保管し、消費者まで最適な方法で届けるための流れをいいます。

モノ（物資や製品）の流れの最適化にフォーカスした、物流よりも経営に主眼を置いた概念であり、在庫の適正化（余らせない・不足させない）や物流コストの削減といった経済的な改善を目的としています。**調達・生産・販売・回収**という4つの機能を用いて、物流に加え、製品やサービスの需要と供給までをも管理します。

A. ロジスティクスという言葉の語源

ところで、この「**ロジスティクス**」という言葉は一体どういう意味なのでしょうか。実はロジスティクスという単語は、もともと軍事用語でした。兵器・食料・衣料・医薬品といった、戦争における必要物資を効果的かつ効率的に調達、補給するために研究されてきた概念で、日本語では「兵站(へいたん)」という言葉があてられます。軍事における**後方支援**および**物資の供給の重要性**が見直され、物流業界で好んで使われる**専門用語**となっていきました。

ロジスティクスは、現在では、この兵站の考え方やしくみを企業の物流に応用し、製品を効果的、効率的に移動、搬送、保管し、消費者まで最適な方法で届けるための流れ、という意味で使われます。なお、ロジスティクスは**3**で学ぶ**サプライチェーン・マネジメント・プロセス**の構成要素の1つでもある重要な概念です。

B. ロジスティクスの発展

ロジスティクスは、生産地点から消費地点までのモノの流れを計画・移動・管理・改善するしくみや考え方を指す言葉で、最近ではこれらの最適化自体を指してロジスティクスということもあります。

ECサイトやドローン、自動運転技術、AIといった最先端テクノロジーの発展により、物流業界のワークフローは今まさに変革期に突入しています。その恩恵は消費者にとっても非常に大きく、高まる多様な配送ニーズに応じて、即日配達や置き配、無人配達といった様々な配送手法がここ数年で一気に発達しました。はじめは新手の物流用語の1つとして主に業界内で使用されていたロジスティクスですが、こうした昨今の目に見える物流革新のおかげで、今ではその概念と重要性が、物流業界の枠を超えて一般消費者にも随分認知されてきました。

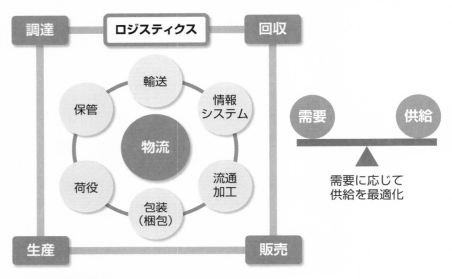

ロジスティクスとその機能（図表5-4）

3. 様々な輸送形態

ロジスティクスにおいて重要な要素の1つに、**輸送形態**と**輸送手段**があります。貨物の種類および状況、輸送場面に応じた適切な輸送形態および輸送手段を選択することが、効率的な輸送とコストカットにつながります。

A. 輸送形態

輸送形態（モード）には、我々の生活に身近な**道路輸送**、**鉄道輸送**のほかにも、**海上輸送**、**航空輸送**、そしてこれらを組み合わせる**複合輸送**があります。また、この複合輸送の発展形として、国と国をまたいだ国際的な複合輸送を一手に担う輸送のことを、特に**国際複合一貫輸送**と呼びます。

国際複合輸送については、**13**で詳しく学びます。

B. 輸送手段

主に自動車やトラック、船舶、航空機といった、輸送に使用する乗り物等（キャリアー）のことを具体的に指していうことが多いです。

次の問いに〇か×で答えなさい。

❶場所的懸隔や時間的懸隔を埋める機能を果たす物流は、輸送・保管・荷役・包装・流通加工・配送という6つの機能から成り立っている。

❷輸送において、輸送形態や輸送手段が途中で変わるということは滅多にない。

Answer

❶ ×　物流を成立させているのは、輸送・保管・荷役・包装・流通加工・情報システムという6つの機能です。

❷ ×　輸送形態は輸送モードともいいますが、貨物の状況や物流工程の局面に応じてこのモードを適切なものへ切り替えていくことで、より効率的な物流の実現を目指すという考え方が、昨今の物流における主流です。

❸ サプライチェーン・マネジメント（SCM）

サプライチェーン・マネジメントとは、原料・部品供給から顧客による消費までの流れをスムーズにするためのしくみ作りのことです。ここでは、SCMおよびグローバルSCMについて学んでいきます。

1. サプライチェーン・マネジメント（SCM）とは

サプライチェーン・マネジメントとは、原材料供給業者➡製造会社➡卸売業者➡小売業者➡物流業者➡顧客というように、最終消費者に至るまでの商品の流れ全体をネットワークでつなぎ、生産、販売、物流などに関わるすべての情報をリアルタイムで統合管理し、**サプライチェーン全体の効率化**を図る経営手法です。企業や事業といった垣根を越えて経営資源や情報を共有することで、**チェーン全体を最適化**し、継続的かつスムーズな商品の流れを実現するという目的で考案されました。

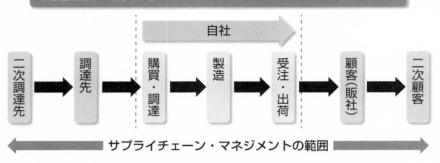

サプライチェーン・マネジメントの範囲（図表5-5）

流通全体に目を向けるサプライチェーン・マネジメント

自社

二次調達先 → 調達先 → 購買・調達 → 製造 → 受注・出荷 → 顧客（販社） → 二次顧客

サプライチェーン・マネジメントの範囲

（出所）日経ビジネス編『最新経営イノベーション手法50 99年版』日経BP社、1998年

2. グローバル・サプライチェーン・マネジメント（グローバルSCM）

　生産拠点の海外移転加速化の流れや国際物流会社の台頭により、SCMは**グローバル化**の傾向にあります。距離的に離れた世界中の拠点同士を情報ネットワークで結び付けてまでSCMを構築しようとするのは、先進国と発展途上国では人件費やその他コストが異なり、その最適化を積み重ねることで大幅なコストカットやSCMの効率化につながることがあるからです。それに伴い、世界中の拠点の情報や経営資源をリアルタイムに統合管理する手法が必要となりました。それが「**グローバル・サプライチェーン・マネジメント**」です。

　具体策として、適切なEPA/FTAの選択や、域内の効率的なインフラの整備、苦手な分野のアウトソーシング、その逆の生産から配送までの自社体制一本化などが挙げられます。

グローバル・サプライチェーンの最適化（図表5-6）

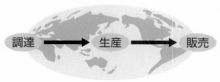

調達 → 生産 → 販売

- ○関税コスト
- ○生産関連コスト　　➡ EPA/FTA
- ○輸送コスト
- ○通関・検査体制
- ○輸送インフラ　　　➡ グローバル・ロジスティクス
- ○物流サービス 等

 **次の問いに〇か×で答えなさい。**

❶SCMのもととなった考え方の1つであるQR（Quick Response）とは、店頭やECサイトでの顧客の要望に対し迅速に応えることで、顧客満足度を向上させる手法である。

❷グローバルSCMは、距離的に離れている世界各地の拠点同士を情報ネットワークで結び付け、SCMを効率化させようとする考え方である。

Answer

❶ **✕** SCMのもととなった考え方の1つであるQR（Quick Response）とは、小売店等のPOS情報をメーカーの供給体制に速やかに反映させることで、流通業者に迅速に商品を供給し、メーカー・流通業者双方の在庫を削減させるための手法のことです。

❷ **〇** 世界中の拠点の情報や経営資源をリアルタイムに統合管理し、国や地域を超えてSCMを管理しようとする手法が、グローバル・サプライチェーン・マネジメントです。

4 3PLと4PL

　グローバル・ロジスティクス（国際物流）の分野で新たに注目されているビジネスが3PLです。ここでは、3PLと新たに台頭しつつある4PLについて学んでいきます。

1. 3PL（3rd Party Logistics）

　専門能力を備えた物流業者が、**荷主企業の物流管理業務を代行して一括管理する物流サービス業態**のことです。荷主企業と運送業者の間に介在して両者の要望をかなえたり、コンサルティング業務によって物流システム全体の改善を担ったりもします。これができるのは、3PL事業者が**高度な情報機能**を有しているからです。多頻度小口配送や即日納品など、通常の物流業者では難しい専門的な**付加価値**をウリにしていることもあります。

　企業側からすれば、3PL事業者を上手く活用することにより、自社の経営資源を

物流以外の基幹機能に割くことができるようになり、SCMの向上を図れるというメリットがあります。

3PLのメリット（図表5-7）

企業側の利点	専門物流業者の利点
（1）物流コストの削減 （2）リードタイムの短縮 （3）基幹業務への集中 （4）物流コストの明確化 （5）特別な配送対応による差別化 　　　　　　　　　　　　　　など	（1）物流関連業務の一括受託 （2）物流業務の専門家の育成 （3）物流ノウハウの蓄積 （4）倉庫等の余剰リソースの活用で新たなビジネスを展開できる 　　　　　　　　　　　　　　など

2. 4PL（4th Party Logistics）

3PLの進化形で、**複数の3PL事業者と連携して物流を総合的に管理**する役割を担う事業者のことです。LLP（Lead Logistics Provider）とも呼ばれます。物流に関する専門的なノウハウを、荷主企業や物流企業だけでなく3PL事業者に対しても提供することで、コンサルティング業務等を行い、**3PL事業者よりも高い付加価値を生み出します**。最新の4PL事業者は、ITを積極的に活用してグローバルSCMを物流業界に提供しています。

　次の問いに○か×で答えなさい。

❶3PL事業者を利用することで特殊な配送にも対応できるようになれば、荷主企業の提供するサービスの付加価値向上を図ることができる。

❷3PL事業者と4PL事業者のサービス内容にはほぼ違いがなく、業界では熾烈（しれつ）な価格競争が繰り広げられている。

Answer

❶ ○　3PL事業者を活用するメリットとして、物流コストの削減、リードタイムの短縮、基幹業務への集中、物流コストの明確化、特殊な配送対応による競合他

社との差別化などが挙げられます。

❷ ✕ 　4PL事業者は、3PL事業者よりもさらに高度な専門知識や情報力を活か し、荷主業者や運送業者だけでなく、同業の3PLにまでコンサルティングやア ドバイジングサービスを提供することができ、3PL事業者との差別化を図って います。

⑤海上輸送

1. 海上輸送と航空輸送

　日本は人口に対し国内で生産できる資源やエネルギーが少ないため、貿易が経済 において重要な役割を果たします。貿易の重要な機能は以下の2つです。

・・・

①製品を海外へ輸出することで利益を得られる。

②安価な製品や高品質な製品を海外から輸入し、国内経済を活性化させる。

・・・

　貿易は海外との取引であり、どの国とも国境を接しない島国である日本の場合、 輸送手段は非常に限られ、**海上輸送**と**航空輸送**の2種しかありません。このうち海 上輸送は、日本の貿易において、重量ベースにして**99.7%**を占める最も重要な輸 送手段です。一方、航空輸送は海上輸送に比べて早く貨物が届く代わりに費用が割 高であるため、限定的な場面で使われます。ここで両者の違いを見てみましょう。

海上輸送と航空輸送の比較（図表5-8）

	海上輸送	航空輸送
貨物の種類	あらゆる貨物	緊急度の高い貨物や生鮮食品である貨物
費用	割安	割高
所要時間	数週間～数ヵ月※	世界中どこでも1～10日程度
保険料	高い	低い

※ただし、高速船の場合はドア・ツー・ドアで数日の場合もある。

2. 定期船と不定期船

　海上貨物輸送は、**定期船**と**不定期船**の2種類に大別できます。運航スケジュールだけでなく、運ぶ貨物の種類や料金体系等も異なりますので、それぞれについて特徴を見ていきましょう。

A. 定期船

　船会社が仕向港、出港予定地、運賃等を航海スケジュールに基づき公表している船の便を**定期船**（Liner）といいます。

　定期船は、**船舶の航路、寄港する港、発着スケジュール、就航隻数、航海数、運賃等があらかじめ決められています**。

　荷主は公開されている航海スケジュールに基づき、輸送する貨物に適した船を選び、船会社や代理店を通して予約をします。これを**船腹予約**（Space Booking）といいます。

　定期船が扱う貨物は、基本的に繊維原料および繊維製品、電気製品、食料品等の雑貨類です。1回の取引量が100t以下と少量であることが多いため、貨物は定期船に他の貨物とともに船積み（**混載**）されます。

B. コンテナ船と在来船

　現在の定期船は**コンテナ船**がほとんどです。コンテナ船はコンテナ・ターミナルに到着すると、船会社ごとに貸し出された**バース**（Berth）という区画に接岸し、それぞれの船会社が**ヤード・オペレーター**として**コンテナ・ヤード**（CY）内で各々の貨物の管理を行います。そして通常、このコンテナ・ヤードに**コンテナ・フレート・ステーション**（CFS）も隣接しています。

　コンテナ・ターミナルは保税地域であり、輸入許可を受けていない外国貨物や、輸出許可を受けていない内国貨物等が蔵置されています。

　コンテナ船は1950年代に登場し、普及していきましたが、それまで貨物船は在来船が一般的でした。**在来船**は通常、船上にクレーン等の荷役機器を搭載しており、そのクレーンを使用して貨物を一つひとつ荷揚げ・荷卸ししていました。在来船は、入れる港であればどこへでも行くことができ、航海スケジュールもある程度自由がききます。しかし、貨物がそのままの状態で荷役されるため天候の被害を受けやすく、またクレーンによる荷物ごとの荷役は非効率的であったため、しばしば**スケジュール遅延**が発生しました。

こうした従来の在来船輸送よりも効率的な輸送手段として現れたのが**コンテナ船**であり、今では海上輸送の主役となりました。しかし、コンテナ船は少ない貨物を混載することが前提の輸送手段であるため、それに向かない貨物は今でも在来船によって輸送されています。また、コンテナ・ターミナルのない港と港の間でも、在来船が活躍しています。

コンテナ船と在来船の相違（図表5-9）

	コンテナ船	在来船（専用船）
スケジュール	定期（主に**定期船**）	不定期（主に**不定期船**）
取扱貨物	雑貨、製品	バルク・カーゴ （バラ積貨物）
港	コンテナ・ターミナル	入れる港ならどこでも
荷役	ガントリー・クレーン	備え付けの荷役機器
契約条件	個品運送契約	用船契約 期間（定期）用船契約 航海用船契約
契約書	スペース・ブッキング、契約書は作成されない	用船契約書を作成
運賃	ライナー・ターム	バース・ターム FO (Free Out) FI (Free In) FIO (Free In and Out)
船荷証券 （B/L）	船積船荷証券（Shipped B/L）、受取船荷証券（Received B/L）	船積船荷証券（Shipped B/L）

C. 不定期船

一般に公開されている航海スケジュールとは別に、特にその航海輸送のために用船された船を**不定期船**といいます。不定期船の場合、基本的には1隻単位契約で、荷主と船会社の間で船積港や仕向港、使用する船舶、料金等が決められます。

定期船と不定期船（図表5-10）

不定期船には通常、**在来船**が使われます。在来船の中でも、単一貨物の効率的な輸送に特化したものを**専用船**といいます。

在来船と専用船については、**8**在来船で詳しく学びます。

3. 個品運送契約

定期船の場合の運送契約は、航海スケジュールに基づいて、輸出者が個々の貨物ごとにスペース・ブッキングを行う**個品運送契約**となります。個品運送契約はスペース・ブッキングの受け付けによって成立し、契約書は作成されず、代わりに貨物の輸送や船積みが完了した際に、**船荷証券**（B/L：Bill of Lading）が発行されます。

一方、在来線の場合は、船の一部または全部を貸し切る**用船契約**を結びます。詳しくは**8**在来船で解説します。

4. 定期船と不定期船の運賃

A. 海運同盟（Shipping Conference）

かつて定期船の運賃は、各船会社によって個別に決められた運賃ではなく、**海運同盟**（**Shipping Conference**）によって定められた運賃率（タリフ：Tariff）に基づいて計算されていました。

しかし、独占禁止法に抵触するおそれがあることから、現在、主要航路では海運同盟は有名無実となり、**船会社ごとに運賃率**が決められています。

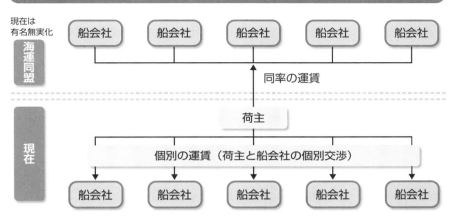

海運同盟と盟外船（図表5-11）

現在は有名無実化

海運同盟

船会社　船会社　船会社　船会社　船会社

同率の運賃

現在

荷主

個別の運賃（荷主と船会社の個別交渉）

船会社　船会社　船会社　船会社　船会社

B. 定期船の運賃

定期船の運賃は、**基本運賃**（Base Rate）と**割増運賃**（Surcharge）から構成されます。

ⓐ**基本運賃**（Base Rate）

貨物船への積込・荷卸費用も含まれています。このような運賃体系を**バース・ターム**と呼び、中でも特に定期船（Liner）におけるバース・タームは用船契約のバース・タームと区別して**ライナー・ターム**（Liner Term）と呼ばれます。

ⓑ**割増運賃等**（Surcharge）

基本運賃は、燃料価格の高騰や通貨変動などといった様々な理由で増減します。船会社はそれを加味したうえで実収入を確保するため、ほとんどの航路において**割増運賃**（Surcharge）を定めています。

Surchargeの例（図表5-12）

（1）CAF（Currency Adjustment Surcharge）	通貨変動による為替損益を調整するための割増運賃
（2）BAF（Bunker Adjustment Surcharge）	燃料費の急激な変動に対応するための割増運賃

(3) CFSチャージ	CFSにおける混載、取出し等の作業や、CFSとCY間の移動に対してかかる費用
(4) コンテナ・ターミナル・チャージ	コンテナ単位の貨物をCY内で取り扱う際にかかる費用
(5) PSS (Peak Season Surcharge)	年末のクリスマス商戦等の繁忙期に増加するコストをカバーするための費用
(6) Bulky Charge：嵩高品割増料	1個当たりの容積が一定基準を超えた貨物に適用される割増運賃
(7) Lengthy Charge：長尺物割増料	1個当たりの長さが一定基準を超えた貨物に適用される割増運賃
(8) Heavy Lift Charge：重量割増料	1個当たりの重量が一定基準を超えた貨物に適用される割増運賃

※ (6)(7)(8) は、特異な形状のため、荷役機器や船舶も対応するものを必要とするうえ、このような貨物は船腹にデッド・スペースを生じやすいため、割増金を徴収します。
※このほかにもコンテナ保守管理料等様々な割増運賃が設定されていることがあります。

豆チェック！ 次の問いに○か×で答えなさい。

❶ コンテナ船の船腹予約はスペース・ブッキングといい、契約成立後に契約書が作成される。

❷ 1個当たりの容積が一定基準を超えた貨物に対して適用される割増運賃をBulky Chargeと呼ぶ。

Answer

❶ × コンテナ船契約では、スペース・ブッキングにより個品運送契約が成立し、個品運送契約では契約書は作成されない代わりに、貨物の輸送や船積みが完了した際に船荷証券 (B/L：Bill of Lading) が発行されます。一方、在来船の用船契約では契約書が使用されます。

❷ ○ ほかにも、1個当たりの長さが一定基準を超えた貨物に適用される割増運賃であるLengthy Charge（長尺物割増料）、1個当たりの重量が一定基準を超えた貨物に適用される割増運賃であるHeavy Lift Charge（重量割増料）等があります。

⑥コンテナ船

1. コンテナの登場

　貨物輸送は基本的に、可能な限りたくさん詰め込み、それらを少ない回数で運ぶことで、コストや所要時間をカットすることができます。そして、これを効率的かつ安全に行うことを可能にしたのが**コンテナ**です。

　コンテナ輸送は、アメリカのマルコム・マクリーンという人物によって考案された、「20世紀最大の発明」とも呼ばれる革新的な輸送技術でした。

　貨物を運ぶことに特化した鉄の箱「コンテナ」にいくつかの貨物を集約することで、これまではすべての貨物ごとに行われていた荷役の回数と手間が激減し、貨物がコンテナごと移動するので内部保護と脱落の防止につながり、貨物輸送の安全性が高まりました。

2. コンテナリゼーション

　コンテナの規格が定められ、それに合わせた輸送手段も続々登場したことで、**国際複合輸送**が行いやすくなり、コンテナ輸送はさらに効率化していき、物流に革命をもたらしました。

　国際複合輸送とは、**複数の輸送手段（モード）を組み合わせて行う国際輸送**のことです。詳しくは、⓭国際複合輸送で触れていきます。

　こうしたコンテナ普及の一連の流れを**コンテナリゼーション**といいます。コンテナは1950年代に発明され、1960年代のベトナム戦争において、まさに兵站の場面で活躍したことで一躍注目を浴びました。

3. コンテナの種類と規格

　コンテナには様々な種類があり、またサイズも世界標準が定められています。ここではよく使用されるものをいくつかご紹介します。

A. コンテナの種類

　代表的なコンテナには次のようなものがあります。

様々なコンテナ（図表5-13）

❶ドライコンテナ

❷冷凍コンテナ
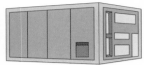

❸オープントップコンテナ

❹タンクコンテナ

❺フラットラックコンテナ
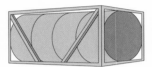
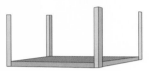

B. コンテナの規格

　現在主流の国際海上輸送用コンテナの規格はISOにより定められたもので、**20フィート**もしくは**40フィート**です。最近では**45フィート**コンテナも増えてきています。以下の3種類がよく使用されています。

主流コンテナの規格（図表5-14）

幅	長さ	高さ
8フィート （約2.4メートル）	20フィート （約6メートル） 40フィート （約12メートル） 45フィート （約14メートル）	8.6フィート （約2.6メートル）

4. コンテナ船の種類と規格

　通常、コンテナ船にはクレーン等の船積みに必要な機材は搭載されておらず、代わりに港の**ガントリー・クレーン**によって船積み・荷卸しが行われます。船自体に

荷役機器が備わっていない代わりに、この規格に沿った定型のコンテナであれば、船腹に目一杯収容し、大量輸送することができる構造になっています。在来船の多くがある特定の貨物の荷役・輸送に特化した船舶であるのと同様に、コンテナ船もまた、コンテナ輸送という輸送方法に特化した船舶なのです。

A. コンテナ船の規格

コンテナ船の積載量はTEU（Twenty-footer Equivalent Unit）という単位で表します。**1TEUは、20フィート1本分**の貨物量を表します。

B. ハブ・アンド・スポーク（Hub and Spoke）を利用した海上輸送

貨物仕分けのためのターミナルの役割を果たす、比較的大規模な物流拠点をハブと呼びます。このハブを中心に、各地の港や工場間で貨物を集配できるようにしたしくみのことを、**ハブ・アンド・スポーク（Hub and Spoke）**といいます。この物流用語は、自転車の車輪軸（ハブ）と、タイヤに向かう何本もの支柱（スポーク）に見立てて名付けられました。

長距離海上運送の場合、ハブ港間は積載量の大きなコンテナ船（母船）で結び、ハブ港と各ローカル港との間は比較的小型のコンテナ船（フィーダー船）で結ぶ、という形態で運送されています。

C. コンテナ船の大型化

1970年代には1,000TEU積が大型コンテナ船といわれていましたが、コンテナ船の大型化が進み、2000年代半ばには10,000TEUを超え、2020年現在では22,000TEU型の巨大コンテナ船も登場しています。

巨大化の要因は主に以下のとおりです。

‥‥‥‥‥‥‥‥‥‥‥‥‥‥‥‥‥‥‥‥‥‥‥‥‥‥‥‥‥‥‥‥‥‥‥‥‥‥‥

①一航海当たりの**貨物積載量の増加**を追求した
②一度に運べる量が多くなるほど**輸送コストを下げる**ことができる
③大量に、低速で、少ない回数で運ぶことで**燃費が向上**する

‥‥‥‥‥‥‥‥‥‥‥‥‥‥‥‥‥‥‥‥‥‥‥‥‥‥‥‥‥‥‥‥‥‥‥‥‥‥‥

これらはそのまま船会社にとってのメリットですが、同時に以下のような問題も発生しています。

①自由競争の流れが強化されたことによる**船会社の寡占化**

②満載近くまで貨物を積み込めないと大幅に**コストが増大する**

③コンテナ数を満載に近付けるために寄港数を増やした結果、**トータルコストや遅延リスクの増大**につながることがある

④ターミナルで荷役を行う業者の労働需要が増えたことで、**ハンドリング費用が増大**している

⑤コンテナ船利用料が下がっても**ハンドリング費用がそれ以上に増大すれば、荷主にとっては経済的でなくなる**

⑥巨大すぎるコンテナ船は寄港できる**コンテナ・ターミナルが限られる**

⑦巨大化傾向にあるコンテナ船に合わせて**コンテナ・ターミナルの規模や敷地面積をあとから大きくすることは、非常に困難**である

⑧ピーク時のコンテナ量が増大し、背後地で混乱が起きたり、**積卸しスケジュールに遅れ**が生じたりする

　こうした不経済を解決するためにカギとなるのが、SCM（サプライチェーン・マネジメント）です。

 **次の問いに〇か×で答えなさい。**

❶現在主流のコンテナサイズは20フィート、45フィート、50フィートである。

❷コンテナ船巨大化は、船会社の輸送費等の面で見れば経済的ともいえるが、それに伴い起こっている船会社の寡占化、寄港数の増大といった事象は、サプライチェーン・マネジメントの観点で見ればむしろ逆行している。

Answer

❶ × 　現在主流のコンテナサイズは20フィート、40フィート、45フィートです。

❷ 〇 　輸送費用等の目に見えるコストカットだけでなく、SCM全体を考慮したうえでのロジスティクスの最適化が企業に求められています。

７ コンテナ・ターミナル（LCLとFCL）

　コンテナ・ターミナルは、海上輸送から陸上輸送へと輸送モードが切り替わる結節点であると同時に、保税地域でもあります。貨物量に応じて**コンテナ・ヤード**も使い分けられます。これらの点を念頭に置き、貿易上重要な拠点であるコンテナ・ターミナルについて学んでいきましょう。

1. コンテナ・ターミナルの役割

A. 荷役・荷捌き・保管

　コンテナ・ターミナルは、荷役機器や輸送機器を備え、コンテナ船の貨物を荷役及び保管することができる、いわば**港湾基地**です。

　以下のような設備を備えています。

コンテナ・ターミナルの主要施設（図表5-15）	
マーシャリング・ヤード	実入りコンテナと空コンテナを、次の作業がスムーズにいくように保管・整理しておく場所
空バンヤード（バンプール）	船から降ろしたコンテナを陸上輸送手段に積み替えるまで一時的に置いておくスペース
コンテナ・バース	船の停泊場（スペース）を指し、船1隻が作業を行うために占める水域を1バースと呼んだりする。バースに接岸してから、貨物の積卸しが行われる
エプロン	船を停泊させたり、貨物を積卸ししたり、船員が乗り降りするための岸壁
ガントリー・クレーン	コンテナを船から積卸しするための専用のクレーン。岸壁のレール上を移動でき、荷物を吊り上げて荷役を行う
トランファー・クレーン（トランステナー）	コンテナ・ヤード内でコンテナの移動やシャーシへの積卸しを行う架空移動式クレーン
ストラドルキャリアー	コンテナをまたぐ形で上部から吊り上げ、そのまま走行することができるコンテナ移動用輸送機器。トランステナーより小回りが利く
シャーシ	車体を除いた、コンテナ積載用の車台部分のことを指す。コンテナを積んだまま走行することができる

管理棟（ターミナル・コントロール・センター）	コンテナ・ヤードにおける作業全体を管理・統括する指令室。コンテナの搬出入、配置、受入れや送出しの計画を担っている
ゲートハウス	管理棟に隣接する施設で、貨物の重量の測定、内容の照合、状態確認、受け渡しに必要な書類のチェック等を行う
コンテナ・ヤード（CY）	コンテナの荷入れ・保管・受け渡しを行う場所で、主に大口貨物（FCL）の荷役を行う
コンテナ・フレート・ステーション（CFS）	CYに隣接する、小口貨物（LCL）の荷役を行う場所

B. 保税地域

　輸出（積みもどしを含む）をする際に輸出貨物を船へ積み込むとき、外国から国内へ運ばれてきた海上貨物が国外へ向けて積みもどされるとき、原則的に貨物はいったん**保税地域**に置かれます。これは第Ⅲ部でもお話ししたとおりです。そして、**コンテナ・ターミナルは保税蔵置場等の許可を受けています**。つまり、国内から外国へ送り出される、あるいは外国から国内へ運び込まれる海上貨物の多くが、コンテナ・ターミナルを経由するのです。輸入が許可された貨物は、国内市場へ流通させるために引き取ることができます。

C. コンテナ・ヤード（CY）

　コンテナを本船に積卸しする作業を行う場所です。各船会社が管理しています。大口の**FCL貨物**は**コンテナ・ヤード（CY）**で荷役され、小口の**LCL貨物**は**CFS**に移動してから荷役されます。

D. コンテナ・フレート・ステーション（CFS）

　コンテナ・ヤードに併設されている、小口のLCL貨物が保管される場所です。コンテナの流れがFCL貨物と異なりますので、注意しましょう。

　　ⓐ**輸出の場合**：複数の荷主の貨物が**CFS**に搬入され、1本のコンテナへ収容されます。その後、LCL貨物のコンテナは**CYを経由してコンテナ船**へ船積みされます。

　　ⓑ**輸入の場合**：LCL貨物のコンテナは、いったんCYに荷揚げされてから**CFSへと搬入され**、その後、CFSにて**荷解き**が行われ、それぞれの輸入者ごとに貨物が仕分けられ、配送ルートに乗ります。

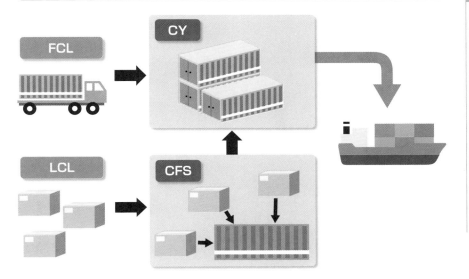

CYとCFS（輸出の場合）（図表5-16）

2. FCL貨物

A. FCL貨物

　1人の荷主の貨物だけでコンテナが満載となる大口の貨物をFCL（Full Container Load）といいます。CYで荷役が行われます。

B. FCL貨物の輸出

（手順）

①輸出者やその委託者（海貨業者等）が、コンテナへ貨物を詰め込みます。

②貨物を詰めて封をしたら、内容を記載した**コンテナ内積付表**（CLP：Container Load Plan）を作成し、CYへ貨物を運びます。

③CYに搬入された**FCL貨物**は、多くの場合、**CY**に置かれたまま通関手続が行われます。

④輸出許可が得られたコンテナ貨物は、クレーン等で船積みされます。

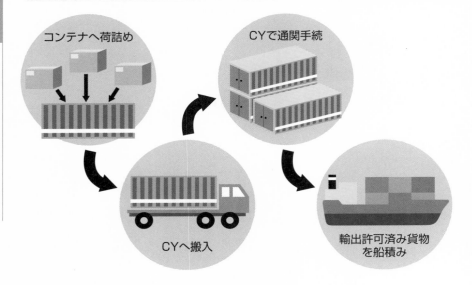

FCL貨物の輸出手順 (図表5-17)

コンテナへ荷詰め

CYで通関手続

CYへ搬入

輸出許可済み貨物を船積み

C. FCL貨物の輸入

次に、FCL貨物の引取りの場合を見てみましょう。

(手順)

①コンテナが陸揚げされると、保税地域である**CY**に搬入されます。

②コンテナがCYに搬入されたあと、海貨業者が船会社に**船荷証券** (B/L：Bill of Lading) または**保証状** (L/G：Letter of Guarantee) を提示します。この保証状 (L/G) は、貨物が船積書類よりも先に到着してしまった場合に、船荷証券 (B/L) が届き次第差し入れることを保証して輸入者が船会社に対して差し入れる書類です。

③船会社は、CYのオペレーター宛ての**荷渡指図書** (D/O：Delivery Order) を交付します。荷渡指図書は、貨物の引取りの際に必要な書類です。

④海貨業者は、荷渡指図書 (D/O) と、輸入許可をすでに受けている場合には**輸入許可書** (I/P：Import Permit) をCYのオペレーターに渡し、コンテナを引き取ります。

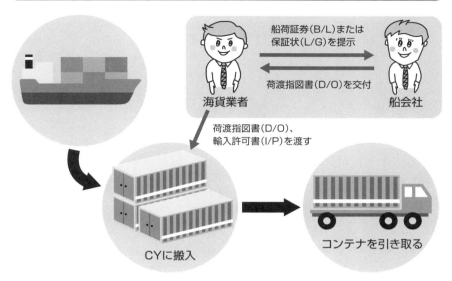

FCL貨物の輸入手順（図表5-18）

船荷証券(B/L)または
保証状(L/G)を提示

荷渡指図書(D/O)を交付

海貨業者　　　　　　　船会社

荷渡指図書(D/O)、
輸入許可書(I/P)を渡す

CYに搬入

コンテナを引き取る

3. LCL貨物

A. LCL貨物

複数の荷主の貨物が混載されて1本のコンテナにまとめられている貨物を
LCL(Less than Container Load)といいます。

B. LCL貨物の輸出

LCL貨物は、CFSにて他の荷主の貨物とまとめられて1本のコンテナに積め
られます（混載）。その後、コンテナはCYを経由してコンテナ船へ搬入され、国
外へ送り出されます。

（手順）

①LCL貨物は複数の荷主から**CFS**へ運び込まれます。

②CFSのオペレーターがLCL貨物を荷繰りし、1本のコンテナにまとめて詰めま
す（混載）。

③コンテナへの混載作業が完了すると、船会社が**コンテナ内積付表（CLP）**を作
成します。

④LCL貨物のまとめられたコンテナはCYへ搬入され、**CY**を経由してコンテナ
船へ船積みされます。

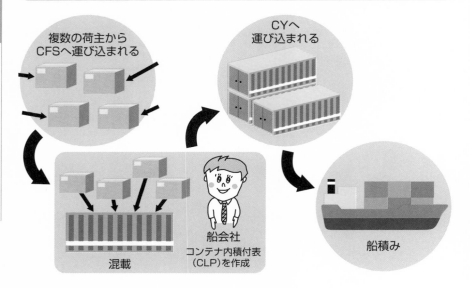

LCL貨物の輸出手順（図表5-19）

複数の荷主から
CFSへ運び込まれる

CYへ
運び込まれる

混載

船会社
コンテナ内積付表
（CLP）を作成

船積み

C. LCL貨物の輸入

（手順）

①コンテナがCYを経由してCFSに搬入されます。

②海貨業者が船会社に**船荷証券（B/L）**または**保証状（L/G）**を提示します。

③船会社から海貨業者にCFSのオペレーター宛ての**荷渡指図書（D/O）**が交付されます。

④海貨業者は、**荷渡指図書（D/O）**と**輸入許可書（I/P）**をCFSのオペレーターに提出することで、コンテナを引き取ることができます。

LCL貨物の輸入手順（図表5-20）

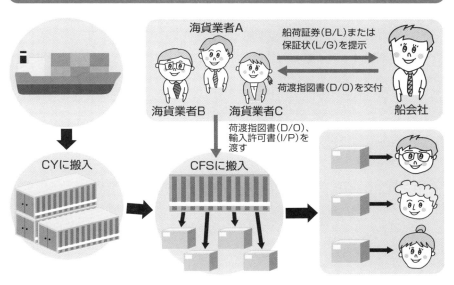

海貨業者A

船荷証券（B/L）または
保証状（L/G）を提示

荷渡指図書（D/O）を交付

海貨業者B　海貨業者C　船会社

荷渡指図書（D/O）、
輸入許可書（I/P）を
渡す

CYに搬入　CFSに搬入

![豆チェック!] 次の問いに〇か×で答えなさい。

❶コンテナ1本を満たさない小口貨物はFCL貨物と呼ばれ、輸出の際はCFS
でコンテナに他の荷主の貨物と混載されてから、CYを経由し、本船に船積
みされる。

❷貨物の重量の測定や内容の照合、状態確認等は、コンテナ・ターミナルの管
理棟で行われる。

Answer 💡

❶ ✕　設問文はLCL貨物の説明です。FCL貨物は単一の荷主の貨物でコンテナ
1本分が満載となる貨物のことで、荷受けの際も荷送りの際もFCLがCFSを経
由することはありません。

❷ ✕　貨物の重量の測定、内容の照合、状態確認、受け渡しに必要な書類の
チェック等は、管理棟に隣接するゲートハウスで行われます。管理棟ではコン
テナ・ヤードにおける作業全体の管理・統括を行っています。

❽在来船

　貨物輸送船には大きく分けて**定期船**と**不定期船**があり、**定期船**では主に**コンテナ船**が、**不定期船**では主に**在来船**が使用されることを学びました。ここでは在来船について詳しく学んでいきます。

1. 在来船の特徴

　在来船は基本的に不定期で運行します。入れる港であれば、コンテナ船では寄港できないような小さな港にも寄港することができ、在来船にもともと搭載されている**荷役機器を使う**ことで、**自前で貨物の荷卸しも可能**です（コンテナ船との比較は❺図表5-9を参照）。

　また、**コンテナに入りきらないサイズの貨物や特殊な形状の貨物**の輸送にも在来船が使われることがあります。

2. 専用船

　在来船の中でも、単一貨物の大量輸送に特化したものを**専用船**といいます。

　液体輸送用の**タンカー船**や**自動車専用船**が専用船の典型です。クレーンを船上に搭載していたり、コンテナ輸送には適さない特殊な貨物を積むことができます。

専用船（図表5-21）と在来船（図表5-22）

▲専用船

▲在来船

3. 用船契約

定期船の契約は個品運送契約でしたが、不定期船の場合、船の一部または全部を貸し切る**用船契約**を結びます。用船契約により輸送される貨物としては、穀物、鉱石等のバラ荷（バラ積貨物）が挙げられます。これらは混載を避ける必要があるため、用船契約によって運送されます。

また、用船契約には、期間単位での契約を結ぶ**期間（定期）用船契約**と、貨物の船積港と荷揚港を決め、その両港間の一航海を貸し切る**航海用船契約**の2種類があります。さらに航海用船契約は、船腹全部を貸し切る**全部用船契約**と、船腹の一部のみを貸し切る**一部用船契約**に分けられます。期間用船契約、航海用船契約のどちらの場合でも、船会社と荷主の間で締結した用船契約に基づく契約書を作成します。この点は個品契約運送と異なります。

期間用船契約と航海用船契約（図5-23）

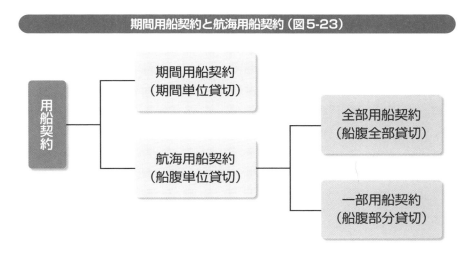

---

4. 在来船（不定期船）貨物の船積み

在来船の場合、大口貨物か小口貨物かによって、船積みの方法が異なります。

A. 大口貨物＝自家積み（直積み）

大口貨物を荷主の責任で本船船側まで運搬してから引き渡す方法です。本船に貨物を搭載し、船会社による貨物の確認が完了したら、船荷証券（B/L）が発行されます。

B. 小口貨物＝総積み

　小口貨物を船会社が指定する倉庫まで持ち込み、船会社が他の荷主の貨物とまとめて本船に積み込む方法です。

5. 在来船貨物の荷受け

船積みのときと同様、2種類の荷揚げ方法があります。

A. 大口貨物＝自家揚げ（直揚げ：Shipside Delivery）

　大きい貨物や重い貨物は、荷主の責任で本船から貨物を引き取ります。

B. 小口貨物＝総揚げ（Shed Delivery）

　小口貨物を船会社が全部一括して陸揚げする方法です。通常、この作業は船会社の依頼を受けた船内荷役者（Stevedore）によって行われ、船会社が貨物をまとめ、保税地域に搬入します。貨物の引渡しは保税地域内で行われます。

6. 不定期船の運賃

　船会社と荷主が合意した個々の用船契約に基づいて運賃が決まります。

　基本運賃＋積込費用＋荷卸費用となるバース・ターム（BT）のほかに、積込費用が運賃に含まれるFO（Free Out）、荷卸費用が運賃に含まれるFI（Free In）、積込費用も荷卸費用も運賃に含まないFIO（Free In and Out）があります。

A. BT（Berth Term）

　輸出港における積込費用（Loading Charge）と輸入港における荷卸費用（Unloading Charge）が運賃に含まれている。

B. FO（Free Out）

　積込費用が運賃に含まれ、荷卸費用は含まれていない。

C. FI（Free In）

　荷卸費用が運賃に含まれ、積込費用は含まれていない。

D. FIO（Free In and Out）

　積込費用も荷卸費用も運賃に含まれていない。

不定期船運賃の種類（図表5-24）

A. BT(Berth Term)

積込費用　荷卸費用

B. FO(Free Out)

積込費用　Free Out

C. FI(Free In)

Free In　荷卸費用

D. FIO(Free In and Out)

Free In　Free Out

豆チェック！　次の問いに〇か×で答えなさい。

❶用船契約には大きく分けて期間（定期）用船契約と航海用船契約の2種類が
あり、期間用船契約はさらに全部用船契約と一部用船契約に分けられる。

❷輸出港における積込費用が運賃に含まれている運賃をFIという。

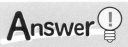

Answer

❶ ✕　全部用船契約と一部用船契約に分けられるのは、用船契約のうちの航海用
船契約です。

❷ ✕　積込費用が運賃に含まれている運賃はFOです。FIでは荷卸費用が運賃に
含まれ、積込費用が含まれません。

🢒コンテナー条約と国内法

　コンテナー条約は、一定のコンテナーについて、免税輸入ができること等を定めた条約です。

　また、コンテナー関連では、もう1つ根幹となる条約があります。それが国際道路運送条約（TIR条約）です。輸出国で税関によって封印がなされたコンテナー内にある貨物について、運送経路上の経由国税関での検査免除、輸入税等の納付免除、担保提供免除を行うこと等を定めています。

　これら2つの条約を国内で実施するために制定された法律が「**コンテナー特例法***」です。ここでは、この「コンテナー特例法」について学びます。

*コンテナー特例法の正式名称は「コンテナーに関する通関条約及び国際道路運送手帳による担保の下で行なう貨物の国際運送に関する通関条約（TIR条約）の実施に伴う関税法等の特例に関する法律」です。

1. コンテナーの輸入手続

　コンテナー条約により関税及び内国消費税（以下「輸入税」）の免税を受けたコンテナー（以下「免税コンテナー」）を輸入する場合には、コンテナーを輸入する者が税関長に対して、コンテナーの**種類**、記号及び**番号**等を記載した**積卸しコンテナー一覧表**を提出することにより、**輸入申告があったとみなされます**。

　積卸しコンテナー一覧表の提出により輸入申告または輸出申告があったとみなされるとき、**輸入または輸出の許可があったとみなされるわけではない**という点は要注意です。

　また、免税輸入されるコンテナー又はコンテナー修理用の部分品について、税関長は、輸入者にその免税に係る輸入税相当額の担保を提供させることができます。

　コンテナー一覧表を提出することにより輸入申告があったとみなされるのはコンテナーのみであり、**コンテナー修理用部分品の輸入は、通常の輸入（納税）申告書を使用して行わなければならない**という点は要注意です。

　また、この修理用部分品をコンテナーの修理の用に供したときは、当該部分品の管理者は、修理を行った場所の所在地を所轄する税関長に届出書を提出する必要があります。

2. コンテナーの再輸出期間

　コンテナー条約により免税輸入された**コンテナーの再輸出期間は、輸入許可の日から１年**です。なお、当該コンテナーが置かれている場所の所在地を所轄する税関長の承認を受けた場合は、税関長の指定した期間まで延長されます。

　免税コンテナーの輸出の際、**積卸しコンテナー一覧表**を税関長に提出したときは、**輸出申告**があったとみなされます。

3. 用途外使用の制限

　免税輸入されたコンテナーまたはコンテナーの修理用の部分品は、**その輸入許可の日から１年間（１年を超えることがやむを得ないと認められる理由があり、税関長の承認を受けた場合は、１年を超え、税関長が指定する期間）内に、貨物の運送の用（免税部分品は、コンテナー修理の用）以外の用途に供したり、用途外使用のために譲渡してはいけません。**

4. 輸入税の徴収

　次のような場合、免除を受けた**輸入税が直ちに徴収されます**＊。

・・

①やむを得ない理由があり、再輸出期間内に免税コンテナーまたは免税部分品を用途外使用することについて税関長の承認を受けたとき、または、当該承認を受けないで物品を貨物の運送の用以外の用途に供したり、そのために譲渡した時
②再輸出期間に再輸出しなかったとき

・・

＊「輸入税」とは、輸入の際に徴収される関税、消費税等の税の総称のことです。

5. 免税コンテナーの国内運送への使用について

　免税コンテナーを国内運送に使用するにあたって、法律上の制限はありません。したがって、**再輸出期間内において何回でも国内運送に使用でき、またどの経路を使ってもよい**ことになっています。

免税コンテナーの取扱い（図表5-25）	
空コンテナーの国内運送への使用	可能
国内運送の回数制限	なし
国内運送使用の事前の申請	不要
再輸出期間	原則1年
輸出入申告	積卸しコンテナー一覧表の提出をもって輸出入申告があったとみなす

次の問いに〇か×で答えなさい。

❶コンテナー条約により免税輸入されたコンテナーの再輸出期間は、輸入許可の日から1年である。

❷免税コンテナーの国内運送は事前に税関長へ申請することで認められ、何回でも行うことができる。

Answer

❶ 〇 コンテナー条約により、免税輸入されたコンテナーの再輸出期間は、輸入許可の日から1年です。

❷ × 免税コンテナーを国内運送に使用するにあたって、法律上の制限はありません。したがって、再輸出期間内において何回でも国内運送に使用でき、事前申請も不要です。

10 船荷証券（B/L：Bill of Lading）

　輸出貨物の船積みや引渡しが完了すると、船会社は、船積みの証明として船荷証券（B/L：Bill of Lading）を発行します。

1. 船荷証券の性質

　船荷証券は**有価証券**であり、貨物の**引渡し請求権が化体**したものです。

　さらに、以下のような法的性質を併せ持っています。

①**受取証券性**　船会社が輸出地で貨物を受け取った証拠（証拠証券）となります。

②**引換証券性**　B/Lと引き換えでなければ船会社に貨物の引渡しを請求できません。

③**受戻証券性**　貨物の引渡しと同時に船荷証券を船会社に戻さなければなりません。

④**流通証券性**　指図式船荷証券は、裏書（Endorsement）によって貨物の引渡し請求権を転々と譲渡できます。B/Lは銀行に担保価値が認められており、信用状発行銀行は、船荷証券を担保にします。

指図式船荷証券（Order B/L）とは、荷受人が特定されておらず、「to order of shipper」や「to order」等の裏書（Endorsement）によって流通（所有権が移転）する船荷証券です。

指図式船荷証券は次の権利者を指定することもしないことも可能です。次の権利者を指定しないで署名をしたものは**白地裏書書**（Blank endorsement）と呼ばれ、それ以降は船荷証券（B/L）の所有者が貨物の権利者となり、譲渡によって権利は次々に移り変わります。

なお、**記名式船荷証券**（Straight B/L）の場合は、そのB/Lは記名人しか使用できないため、流通性がなくなります。記名式船荷証券は、信用状を伴わない荷為替手形を取り組む場合や、送金による決済の場合に使用されます。

輸出者の白地裏書の例（図表5-26）

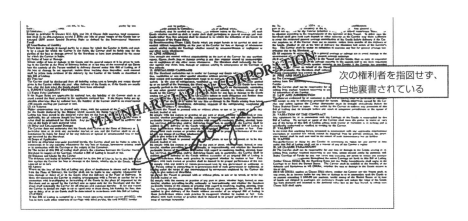

次の権利者を指図せず、
白地裏書されている

2. 船積船荷証券 (Shipped B/L) と受取船荷証券 (Received B/L)

船荷証券は、大きく2種類に分かれます。

A. 船積船荷証券 (Shipped B/L)

貨物が船積みされたときに発行される船荷証券です。そのことから**On Board B/L**ともいいます。

B. 受取船荷証券 (Received B/L)

船会社が貨物を受け取った (Receive) ときに発行される船荷証券です。原則的にコンテナ船輸送で使用されるもので、コンテナ・ターミナルのCYやCFSで貨物が引き渡されたときに**受取船荷証券**が発行されます。

C. On Board Notation

船会社が受取船荷証券に、船積みされた日時と署名を記入することで、船積船荷証券と同じ効果を持たせる (貨物の船積みがされたことの証明とする) ことができます。この船積証明を **On Board Notation** といいます。

D. 船積通知 (Shipping Advise)

船積みが完了したら、輸出者は輸入者へメールやファックスで速やかに**船積通知** (**Shipping Advise**) を行います。船積通知には、明細、金額、船名、出航日等を記載します。

受取船荷証券と On Board Notation (図表5-27)

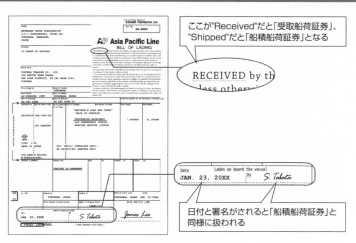

ここが"Received"だと「受取船荷証券」、"Shipped"だと「船積船荷証券」となる

日付と署名がされると「船積船荷証券」と同様に扱われる

3. 運賃表示

船荷証券の運賃欄は、前払いか後払いかで記載が異なります。

A. 運賃前払いの場合

CIF条件のように輸出者が運賃を**前払い**するものについては、「Freight Prepaid」と表示されます。

B. 運賃後払いの場合

FOB条件のように輸入者が輸入地で運賃を**後払い**するものについては、「Freight Collect」と表示されます。

4. 船荷証券の危機と海上運送状

海上輸送の高速化により貨物が船荷証券の到着前に輸入地に到着してしまい、輸入者が船荷証券を提示できずに貨物を受け取ることができないという状況がしばしば発生します。これを**船荷証券の危機**といいます。

これを解決するのが、**海上運送状（SWB：Sea Way Bill）**です。海上運送状は、運送者が貨物を受け取ったという証拠となる証拠証券です。したがって、海上運送状の提示は不要で、海上運送状に記載された荷受人（Consignee）であることが確認できれば、貨物を引き取ることができます。また、海上運送状は有価証券ではありません。

船荷証券とSWBの比較（図表5-28）

	有価証券性	流通性	証拠証券性	引換証券性	受戻証券性	貨物引取り時の提出
船荷証券	あり	あり	あり	あり	あり	必要
SWB	なし	なし	あり	なし	なし	不要

しかし、海上運送状（SWB）は輸出者にとって代金回収リスクが高くなるため、通常、信用のおける既存取引先やグループ会社など限られた相手との取引でしか使用されません。

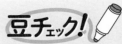 次の問いに○か×で答えなさい。

❶受取船荷証券は貨物が船積みされた時に発行される船荷証券で、On Board B/Lとも呼ばれる。

❷Order B/Lは、記名人しか使用できないため、流通性がない。

Answer

❶ ×　貨物が船積みされたときに発行される、On Board B/Lとも呼ばれる船荷証券は、船積船荷証券です。受取船荷証券は、「コンテナ・ターミナルのCYやCFSで貨物が引き渡されたとき」および「在来船に総積みする場合、荷主の要求があれば、貨物を倉庫に預け入れたとき」に発行されます。

❷ ×　Order B/Lは指図式船荷証券のことであり、荷受人が特定されておらず、「to order of shipper」や「to order」等の裏書（Endorsement）によって所有権が移転する船荷証券です。

---

11 航空輸送

　航空輸送は、医療機器や生鮮食品といった緊急性の高い貨物や、安全な輸送が求められる高価な貨物、生きた動物の輸送といった場面で多く使用されます。航空輸送を利用する最大のメリットは、輸送時間が他の輸送手段に比べて圧倒的に短いということです。海上輸送との比較は、**5** 海上輸送を参照しましょう。

　貿易全体に占める割合を見ると、重量ベースでは約0.3%と少ない割合で推移していますが、金額ベースでは約30%を占める重要な輸送形態です。

　貨物専用機だけではなく、**旅客機による貨物輸送も拡大してきており、輸送ネットワークは世界中に網の目のように広がっています。**

1. 航空機の構造

　航空機は、基本的に2層構造（2階建て）であり、1階の部分を **Lower Deck**、2階部分を **Main Deck** と呼んでいます。また、ボーイング社のB747、エアバスインダストリー社のA380のみは3層構造を持っており、3階部分は **Upper Deck** と呼ばれています。

B747貨物機（図表5-29）と断面図（図表5-30）

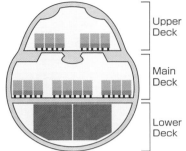

- Upper Deck
- Main Deck
- Lower Deck

2. ワイドボディーとナロウボディー

　航空機は、収容能力で大きく2種類に分けることができます。

　航空機のLower Deckに、航空貨物や手荷物を積むためのコンテナやパレット（これらを**ULD：Unit Load Device**という）を搭載できるものが**大型機（ワイドボディー）**です。ワイドボディーは旅客や貨物の大量かつ長距離の輸送に適しているので、国際線で多く使われています。

　一方、小口貨物しか搭載できない機体が**小型機（ナロウボディー）**です。ナロウボディーは近年、旅客輸送のLCC（Low Cost Carrier）で使用されることが増えてきていますが、これまで貨物輸送にはあまり使われてきませんでした。LCCを貨物輸送にも動員し輸送コストの削減を図っていくことは、これからの課題だといえるでしょう。

　以下がワイドボディー、ナロウボディーそれぞれの代表的な機種です。

航空機のカテゴリー

1）ナロウボディー＝Lower DeckにULD搭載不可

旅客機：Single Aisle

■ Airbus　　　A319, A320, A321

■ Boeing　　　B727, B737, B757

■ Fokker　　　F100

■ Douglas　　 DC-9, MD-80, MD-90

■ Antonov　　 AN-74, AN-148

（図表5-31）

2) ワイドボディー＝Lower DeckにULD搭載可能

旅客機：Two Aisles

- Airbus A300, A330, A350, A380
- Boeing B747, B767, B777, B787
- Ilyushin IL-86, IL-96
- Antonov AN-124, AN-224

（図表5-32）

3. 旅客機と貨物機

　航空機は、旅客機と貨物機の2種類に分けることもできます。貨物機は**フレイター（Freighter）**と呼ばれることもあります。

　旅客機はLower Deck部分（**Belly**ともいう）に貨物や旅客の手荷物を積み、Main Deck部分に旅客用の座席が設置されています。ワイドボディーであれば、旅客だけでなく、**ULD**を使って航空貨物を搭載することもできます。

　フレイターは、いわば貨物輸送専用の機体です。したがって、**Lower Deck**と**Main Deck**の**両方に貨物を搭載**することができます。また、中には海上輸送用のコンテナを搭載できる機種もあり、国際複合輸送の場面で活躍しています。

　さらに、Main Deckが旅客の座席と貨物室（Cargo Compartment）に分かれている**コンビ機**という種類もあります。

旅客機と貨物機（図表5-33、図表5-34）

▲旅客機

▲貨物機

4. ULD（Unit Load Device）

　ワイドボディーのLower Deckや貨物専用機に貨物を効率的に搭載できるように、コンテナやパレットが使われています。これらはULD（Unit Load Device）と呼ばれます。航空機の機種や貨物に合わせて、種々のULDが使われています。

ULD（コンテナ、パレット）（図表5-35）

Container

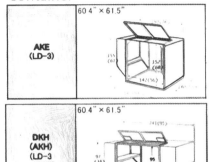

Pallet

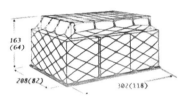

5. 航空輸送の業態

　航空輸送の業態は大きく分けて3業種あります。それぞれについて解説していきます。

A. IATA代理店（イアタ）

　IATA（国際航空運送協会：International Air Transport Association）とは、国際民間航空運送事業に従事する国際定期航空会社の国際団体です。1945年の設立以来、旅券販売、会社間の運送協定、運送業務に必要な事項など、業界における様々なルールを取り決めてきました。定期国際線を運航する多くの航空会社はこのIATAに所属しており、IATA代理店は、IATAに加盟する航空会社すべての代理行為を行うことができます。

B. 利用航空運送事業者（フォワーダー）

　　自らは輸送手段を持たず、他社の船舶や航空機等の輸送手段を利用して貨物輸送を行う業者です。これに対し、自ら運送手段を所有して貨物を輸送する業者のことを**キャリアー**といいます。つまり、フォワーダーは、キャリアーの船腹を荷主に対して再販することで利益を上げます。通常、複数の荷主からの貨物をまとめて航空機に混載することが多いため、**混載業者**とも呼ばれます。

　　フォワーダーは**IATA代理店から発展して発生した業態**であり、IATA代理店とは異なるアプローチで航空会社との関係性を強めていきました。

　　フォワーダーの強みは、**ドア・ツー・ドア輸送**や**通関業務代行**などの付加価値をつけることで、**一貫輸送サービス**を提供できることです（第2種利用航空運送事業者の場合）。

　　また、航空貨物運賃の特徴である**重量逓減制**（貨物の重量が重くなるほど運賃単価が安くなる）を活用し、混載のうえ航空会社に渡すことで、その運賃格差を利用して差益を得ることができます。代理店とは収益構造が異なり、荷主に対してより廉価な運賃価格を提供できるため、競争力が高まりました。

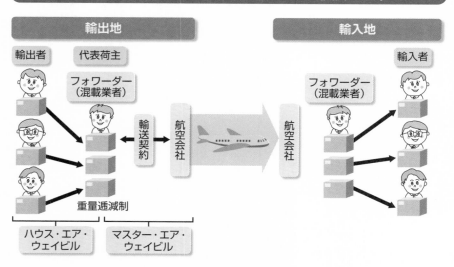

利用航空運送事業者（フォワーダー）のしくみ（図表5-36）

C. インテグレーター

　配送元から配送先までのドア・ツー・ドア輸送を一気通貫で行う業者のことです。航空輸送なら、**集荷から国際航空輸送、配達までを自社のみで完結**させて行います。いわば、キャリアーとフォワーダーの機能を統合しているような巨大物流事業者であり、フェデックス（FedEx）、ユナイテッド・パーセル・サービス（UPS）、ディー・エイチ・エル（DHL）などが代表的なインテグレーター会社です。また、**フォワーダーが航空会社と組んでインテグレーターの役割をこなす業態**も増えてきています。

6. 航空貨物の契約

　航空輸送の場合も海上輸送と同様、**定期輸送サービス**と**不定期輸送サービス**があります。

A. 直接貨物輸送契約

　危険物や貴重品など特殊な貨物は、航空会社（あるいはIATA代理店）と荷主が直接、運送契約を結ぶ場合があります。ただし、現状ではほとんどの契約がIATA代理店経由で行われるため、あまり使われていません。

B. 混載貨物輸送（利用航空運送）契約

　自らは**輸送手段（航空機等）を持たない利用航空運送業者**が、複数の荷主と輸送契約を結び、集めた貨物を大口貨物にまとめ（**混載貨物**と呼ぶ）、航空会社に対して**自らが荷主となって輸送契約**を結ぶという、最も一般的な契約形態です。利用航空運送業者は実務上、**フォワーダー**とも呼ばれます。

C. チャーター（不定期）輸送契約

　荷主と航空会社間で運送期間や日時を取り決め、各航空会社が設定した運賃で、**航空機の全スペースを貸し切る契約**をいいます。海上輸送における不定期船の用船契約と似た契約形態です。

7. 航空運送の運賃

　航空運送における運賃形態は、直接貨物輸送契約の場合と混載貨物輸送契約の場合で、大きく2つに分けられます。

A. 直接貨物運送契約の運賃

　海上輸送における定期船と同様、1つの路線に対して**IATA加盟各社が共通に定めた運賃率**に基づいて計算されます。この運賃率や運送約款は、IATAが定めて国際関係政府の許可を受けたもので、空港から空港までが適用範囲です。原則として、**出発地国の通貨建て**です。

B. 混載貨物輸送契約の運賃

　IATAの運賃率の一般貨物に対する**重量逓減制**や、**パレット・コンテナ単位料金等**を活用して、個々の混載業者が特定仕向地向けに定めています。直接貨物運送契約の場合と同様、**出発地国の通貨建て**です。

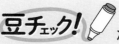 次の問いに○か×で答えなさい。

❶IATAとは、業界ルールを取り決めてきた、国際定期航空会社による国際団体であり、IATAに加盟する代理店はIATA代理店資格を有し、IATA加入の航空会社の業務をすべて行うことができる。

❷自らは輸送手段を持たず、他社の船舶や航空機等の輸送手段を利用して貨物輸送を行う業者はインテグレーターと呼ばれ、フェデックス（FedEx）やディー・エイチ・エル（DHL）といった企業がこれにあたる。

Answer

❶ ○　IATAは国際民間航空運送事業に従事する国際定期航空会社の国際団体で、業界における様々なルールを取り決めてきました。定期国際線を運航する多くの航空会社はこのIATAに所属しており、IATA代理店は、IATAに加盟する航空会社すべての代理行為を行うことができます。

❷ ×　自らは輸送手段を持たず、他社の船舶や航空機等の輸送手段を利用して貨物輸送を行う業者は利用航空運送事業者（フォワーダー）と呼ばれるので、誤りです。フェデックス（FedEx）やディー・エイチ・エル（DHL）はインテグレーターと呼ばれ、配送元から配送先までのドア・ツー・ドア輸送を一気通貫で行う業者のことです。インテグレーターは、キャリアーとフォワーダーの機能を統合しているような巨大物流事業者です。

12 航空運送状（AWB）

航空貨物輸送においては、海上貨物輸送とは異なる書類が使用されます。それが航空運送状（AWB）です。

1. 航空運送状（Air Waybill：AWB）の種類

航空運送状は、直接貨物輸送契約の場合と混載貨物輸送契約の場合で、大きく2つに分けられます。

A. 直接貨物輸送契約の場合

航空会社の運送約款、規則、運賃率等に基づいて直接貨物輸送契約が締結されると、IATAの規則に基づいた**航空運送状（Air Waybill）**が発行されます。

直接貨物輸送契約（図表5-37）

B. 混載貨物輸送契約の場合

混載業者は、複数の運送人からの貨物を一手に集め、大口貨物の代表荷主となって航空会社と運送契約を結びます。このとき、2種類の航空運送状が交付されます。

　ⓐ **マスター・エア・ウェイビル（Master Air Waybill：MAWB）**

　　航空会社から混載業者に対して発行する航空運送状です。

　ⓑ **混載航空運送状（ハウス・エア・ウェイビル、House Air Waybill：HAWB）**

　　混載業者が個々の小口貨物の荷主に対して発行する航空運送状です。

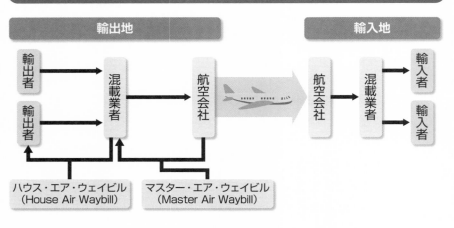

混載貨物輸送契約（図表5-38）

輸出地　　　　　　　　　　　　　　　　輸入地

ハウス・エア・ウェイビル
（House Air Waybill）

マスター・エア・ウェイビル
（Master Air Waybill）

2. 航空運送状の記載内容

　AWBの主な記載内容は以下のとおりです。

①荷送人名：輸出者の住所及び氏名

②荷受人名：輸入者の住所及び氏名。信用状取引の場合、信用状発行銀行が記載される

③AWB発行貨物代理店名

④出発空港

⑤到着空港

⑥貨物の到着案内先

⑦料金の区分：運賃が前払いか後払いかを示している

3. 航空運送状の特徴

　AWBには次のような特徴があります。船荷証券（B/L）との違いに留意しながら見ていきましょう。

航空運送状と船荷証券の違い（図表5-39）

	受取証	引換証	有価証券	流通証券	種別	荷受人
航空運送状 （AWB）	○	×	×	×	受取式	記名式
船荷証券 （B/L）	○	○	○	○	船積・ 受取	指図式

A. 有価証券ではない

　B/Lと同様、輸送契約の証拠証券ではあるものの、有価証券ではありません。したがって、**航空貨物の受取りに航空運送状は必要ありません**。また、**譲渡性（流通性）もありません**（Non-negotiable）。

B. 受取式（Received）かつ記名式である

　船荷証券は一般的に、**指図式**（荷受人欄が「to order」や「to order of shipper」で発行される）です。つまり、B/Lの所有者が貨物の権利者となり、輸出者の**白地裏書と譲渡**によって権利は次々に移り変わります。対して、**航空運送状**の場合は、**受取式かつ記名式**ですので、貨物は到着地で航空運送状に記載されている**荷受人**（Consignee）に引き渡されます。

C. 貨物の価格の申告が必要

　航空貨物では、万が一貨物に事故が起こり、運送人に対し貨物の損傷等に対する補償を求める場合に備えて、事前に貨物の価格を運送人に対して申告することになっています。この申告は「**Declared Value for Carriage**」欄に金額を記載して行います。この金額が、運送中の損傷に対する運送人の最高責任限度額となります。

　しかし、通常この欄には「**NVD**」と記載します。これは、**無申告**（No Value Declared）という意味です。この無申告の場合の、運送人の貨物に対する責任額は、IATAの約款によります。

次の問いに○か×で答えなさい。

❶混載貨物輸送契約の場合、航空会社から混載業者に対して交付されるのがハウス・エア・ウェイビルで、混載業者から個々の荷主に対して交付されるのがマスター・エア・ウェイビルである。

❷船荷証券（B/L）と違い、航空運送状（AWB）には流通性、有価証券性が備わっていない。

❶ ✕　航空会社から混載業者に対して交付されるのがマスター・エア・ウェイビルで、混載業者から個々の荷主に対して交付されるのがハウス・エア・ウェイビルです。

❷ ○　船荷証券（B/L）と違い、航空運送状（AWB）には流通性、有価証券性がありません。また、引換証券性はないため、貨物の引取りにAWBは必須ではない点も、船荷証券と異なります。

---

13 国際複合輸送

　世界には内陸の国もあれば、日本のような島国もあります。そして、それぞれの国が効率的に国際輸送を行うには、複数の輸送手段を組み合わせて行うのが合理的です。そういった場合に使用される、国際複合輸送について、ここでは学んでいきます。

1. 国際複合輸送とは

　複数の異なる輸送手段（モード）を組み合わせて行う国際輸送を、**国際複合輸送**といいます。中でも、複数モードを用いながら、輸送責任を一貫して同一の運送人が引き受ける輸送形態は**国際複合一貫輸送**と呼ばれます。

　例えば、ある小売企業がECサイトで顧客から注文を受けて商品を輸入配送する場合、海外から港まで製品を船で輸送したとしても、運送はそこで終わりではありません。港から次は配送センターまで、さらに配送センターから注文者までは、船

とは異なる輸送手段で商品を運送し、注文者の指定する最終届先まで配送しなけれ
ばなりません。こうした場合、船舶に加えて、陸上輸送手段であるトラック等が使
用されます。こういった輸送手段の切替えを伴う国際輸送が**国際複合輸送**です。

また、この例のように、海上（航空）輸送手段から陸上輸送手段へと切り替わる結
節点を広く**ターミナル**といいます。これが海上コンテナ輸送の場合、結節点は**コン
テナ・ターミナル**となり、これが航空コンテナ輸送の場合は空港となります。

国際複合輸送は、コンテナ輸送の発展とドア・ツー・ドア輸送のニーズの高まり
に伴い発達してきました。コンテナは貨物の**保護性能**が高く**大量**かつ**長時間の運送**
に適しているうえに、**統一規格の普及**により貨物をコンテナに積んだまま**モードを
切り替える**ことができるからです。

国際複合輸送（図表5-40）

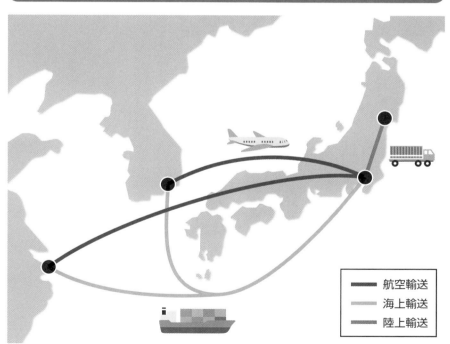

航空輸送
海上輸送
陸上輸送

2. モーダル・シフト

モーダル・シフトとは、環境や労働者への負荷を軽減する輸送手段への切替えを進める動きのことです。

海上輸送や鉄道輸送の際と比べ、自家用貨物車やトラックによる輸送では、輸送量当たりの二酸化炭素（CO_2）排出量が格段に増加してしまいます。これを可能な範囲で船舶輸送や鉄道輸送に切り替えていくことで、環境や輸送に関わるオペレーターへの負荷の軽減につながります。

3. 複合運送人

複合輸送を一貫して引き受ける運送人を**複合運送人**（Combined Transport Operator：CTO）といいます。**船会社**がなる場合と、自らは運送手段を持たない**利用運送事業者**（Non-Vessel Operating Common Carrier：NVOCC）がなる場合とがあります。船を使わない国際複合輸送が増加するにつれて、今までのインコタームズや信用状取引といった条件に縛られないNVOCCなどの業態が台頭してきました。

4. 国際複合一貫輸送の運送書類

複合輸送を、船会社が行う場合と利用運送事業者（NVOCC）が行う場合とで、扱う運送書類が異なります。

A. 船会社による複合輸送の場合

通常の**受取船荷証券**（Received B/L）が使用されます。

B. 利用運送事業者による複合輸送の場合

日本のNVOCCが発行する運送証券は、**複合運送証券**（Combined Transport Bill of Lading）といいます。その様式、目的、機能は通常のB/Lとほとんど変わりありません。

5. 国際複合一貫輸送の運賃

運送手段の組合せパターンが多岐にわたるように、輸送先や契約形態も多岐にわたります。よって、運賃は、荷主と運送人との運送契約のつど決められています。

次の問いに〇か×で答えなさい。

❶複数の異なる輸送手段（モード）を組み合わせて行う国際輸送を国際複合輸送という。

❷自らは運送手段を持たない利用運送事業者は、通称NVOCCと呼ばれる。

Answer

❶ 〇　複数の異なる輸送手段（モード）を組み合わせて行う国際輸送を国際複合輸送といいます。

❷ 〇　自らは運送手段を持たない利用運送事業者は、NVOCC（Non-Vessel Operating Common Carrier）と呼ばれます。

---

14 世界の基幹航路と経済回廊

ここでは、国際（複合）輸送の場面において、世界で重要とされている航路および経済回廊というものについて学びます。

1. 複合輸送の方法

複合輸送手段として最も普及しているモードは海上コンテナ輸送です。その海上輸送を含む複合輸送形態として代表的なものは**ランド・ブリッジ**と**シー・アンド・エア**です。

A. ランド・ブリッジ

時間がかかるものの一般製品を大量かつ安価で輸送できる**海上輸送**と、大陸を横断して複数の目的地を経由できる**鉄道輸送等の陸上輸送**とを組み合わせた輸送方法です。発地から中継地までは海上輸送し、中継地で貨物を積み替えたあとは鉄道輸送等に移行して着地まで輸送します。

例）ALB（アメリカン・ランド・ブリッジ）、

　　 SLB（シベリア・ランド・ブリッジ）

B. シー・アンド・エア

　大量かつ安価に輸送できる**海上輸送**と、高速輸送が可能な**航空輸送**とを組み合わせた輸送方法です。日程に余裕がある場合など、全工程を航空輸送で行うよりもコストを下げることができます。発地から中継地までは海上輸送し、中継地で貨物を積み替えたあとは航空輸送に移行して着地まで輸送します。

例）北米西海岸➡北米東海岸➡ヨーロッパ、日本➡東南アジア➡ヨーロッパ・アフリカ、中国➡ドバイ・仁川（韓国）➡ヨーロッパ

国際複合一貫輸送の例（図表5-41）

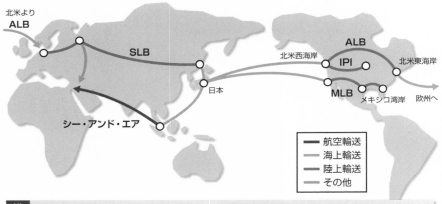

代表的なルート	ALB（アメリカン・ランド・ブリッジ）	北米西海岸を経由して日本と欧州航路を結ぶ
	MLB（ミニ・ランド・ブリッジ）	北米西海岸を経由して日本と北米東海岸、メキシコ湾岸を結ぶ
	SLB（シベリア・ランド・ブリッジ）	シベリア鉄道を利用して日本と欧州、中東を結ぶ
	IPI（インテリア・ポイント・インターモダル）	北米西海岸を経由して日本と北米内陸部を結ぶ

2. 世界の基幹航路

　地球を俯瞰的に見ると、最も活発な動きをしているのが、以下の航路です。

①東アジア—北米航路（東アジアから太平洋を経由して北米大陸へ）

②東アジア—欧州航路（東アジアからインド洋、スエズ運河を経由して欧州へ）

　また、近年では東アジア諸国の経済発展に伴い、一大商業圏をなしている東アジア域内での海上航路が活発になりつつあります。

最も活発な基幹航路（図表5-42）

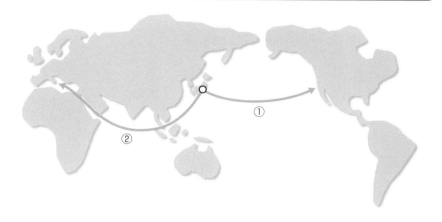

3. 運河の発展

　これらの基幹航路が発展した背景に、**スエズ運河**と**パナマ運河**の存在があります。それまで東アジアから欧州への西回り航路は**アフリカ大陸の南端**を通過する長大なルートであり、一方の東アジアから北米東岸へのルートでは、太平洋を横断し、南アメリカ大陸の**南端マゼラン海峡**を通らないと到達することができませんでした。

　これら2つの運河が開通したことで、世界の海上物流ルート図が変わり、世界物流は格段に発展しました。

コンテナ船の基幹航路（図表5-43）

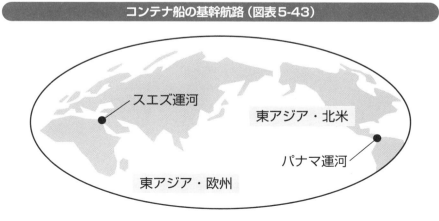

4. 経済回廊

　人・モノ・サービスが自由に行き来できるよう、国や国境を越えた規模の鉄道や道路等のインフラを一括整備することで確立された経済圏を**経済回廊**と呼びます。

例) 東南アジアの大メコン経済回廊

①北部経済回廊

　中国・昆明とベトナム・ハノイを結ぶ回廊

②南北経済回廊

　中国・昆明を起点に、タイ・バンコクまで東南アジアを縦断する回廊

③東西経済回廊

　ミャンマー・モーラミャインからタイ、ラオスを経由してベトナム・ダナンに至る回廊

④南部経済回廊

　ミャンマー・ダウェイからタイ・バンコク、カンボジア・プノンペン、ベトナム・ホーチミンなど東南アジアの要所を横断する回廊

　このような経済回廊やEUのような試みには、**域内経済の活性化**という大きなメリットがあります。しかし、インフラや法整備などが不十分であると、交通渋滞の悪化や、国境での通関・検査制度に地域差が出るといった弊害も生まれ、スムーズな物流が妨げられます。実際に大メコン経済圏はこれらの問題に直面しており、整備が急がれます。これらを解決するカギとなる考え方が、グローバルSCMです。

大メコン経済回廊（図表5-44）

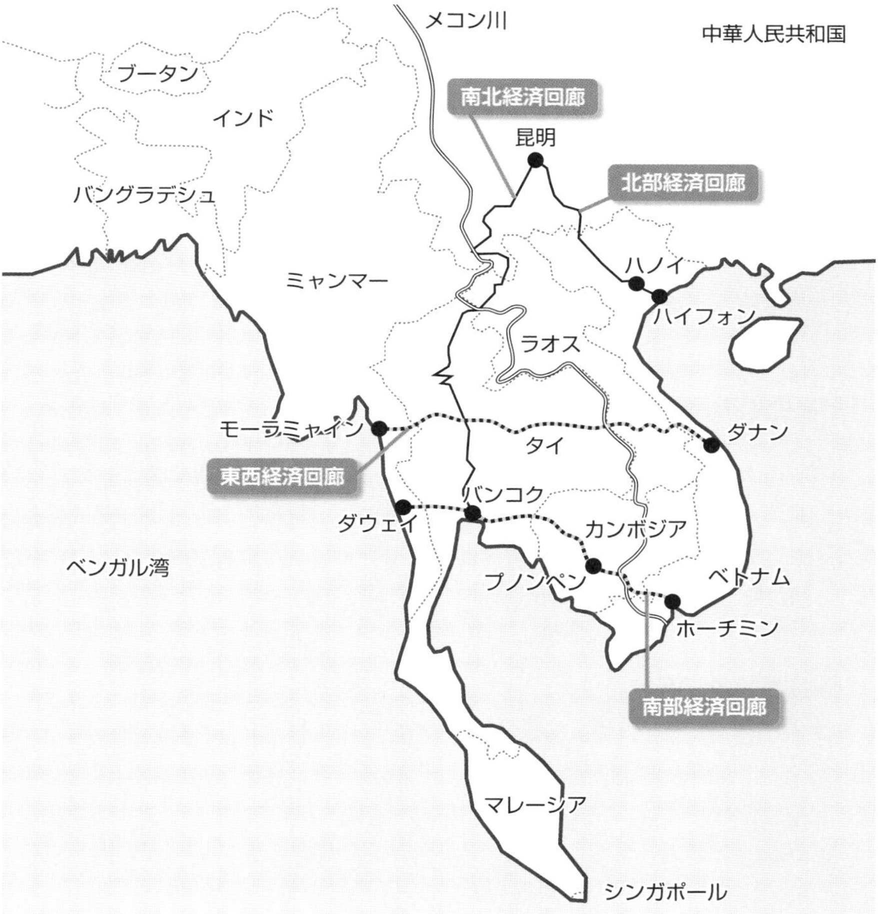
メコン川
中華人民共和国
ブータン
インド
南北経済回廊
昆明
北部経済回廊
バングラデシュ
ミャンマー
ハノイ
ハイフォン
ラオス
モーラミャイン
タイ
ダナン
東西経済回廊
バンコク
ダウェイ
カンボジア
ベンガル湾
プノンペン
ベトナム
ホーチミン
南部経済回廊
マレーシア
シンガポール

豆チェック! 次の問いに○か×で答えなさい。

❶ランド・ブリッジは、大量かつ安価に輸送できる海上輸送と、陸上を長距離かつ高速で移動できる鉄道輸送を組み合わせた複合輸送方法である。

❷東南アジアにおける大メコン経済回廊の南部経済回廊は、ミャンマー・モーラミャインからタイ、ラオスを経由してベトナム・ダナンに至る回廊である。

15 特恵関税制度

　特恵関税制度は、開発途上国の経済発展に寄与するという目的で国連貿易開発会議（UNCTAD：United Nations Conference on Trade and Development）により創設された制度です。この特恵関税を享受するには様々な条件や除外条件があり、関税暫定措置法で詳細に規定されています。

1. 特恵関税制度の目的

　開発途上国から特定原産品を輸入する場合、一般の税率よりも低い特恵税率を適用する制度が**特恵関税制度**です。これは、特定原産品に係る関税に対し便益（無税若しくは一般税率より引き下げられた税率の適用）を与えることにより、開発途上国からの輸入を促進させ、その結果、開発途上国の輸出所得の増大、工業化と経済発展の促進を図ることを目的にした制度です。

2. 特恵受益国と特別特恵受益国

　特恵関税の便益を与えることができるのは、以下に該当する国から輸入する場合です。

A. 特恵受益国

　経済が発展途上にあり、関税についての便益を受けることを希望し、かつ当該便益を与えることが適当であるとして政令で定める国（地域）が該当します。

B. 特別特恵受益国

　特恵受益国等のうち、国連総会の決議で後発開発途上国（LDC）とされている国で、特別の便益を与えることが適当であるものとして政令で定める国が該当します。特別特恵受益国の原産品を輸入する場合、すべて税率は、無税になります。

特恵受益国と特別特恵受益国の比較（2020年8月現在）（図表5-45）

	特恵受益国	特別特恵受益国
定義	（1）経済が開発途上である （2）関税についての便益を受けることを希望している （3）特別の便益を与えることが適当であるとして政令で定められている	（1）特恵受益国等のうち、国連総会の決議で後発開発途上国（LDC）とされている （2）特別の便益を与えることが適当であるとして政令で定められている
主な適用国	トルコ、フィリピン、ベトナム、モンゴル等	アフガニスタン、ミャンマー、モーリタニア等

3. 特恵関税原産地証明など

A. 特恵原産地証明書の提出

　特恵関税の適用を受けて輸入する場合には、原則として輸入申告等の際に、税関長に特恵原産地証明書を提出する必要があります。この原産地証明書は、原産地の税関又は権限を有する商工会議所等で発給しています。

　原産地証明書は、一般特恵関税の場合は**一般特恵関税証明書様式A（FORM A）**を使用します。

B. 特恵原産地証明書の提出が不要な場合

　次の場合は、原産地証明書の提出が不要となります。

①税関長が**物品の種類又は形状**によりその**原産地が明らか**であると認めた物品

②課税価格の総額が**20万円以下**の物品

③特例申告貨物である物品（特恵受益国原産品であることを確認するために原産地証明書の提出の必要があると税関長が認める場合は、除かれる）

C. 運送要件証明書

　特恵供与を受けるにあたっては、本邦への運送経路も重要です。

①その原産地である特恵受益国から直接、本邦へ運送される場合で、**非原産国において運送上の理由による積替え及び一時蔵置以外の扱いがされなかった場合**は、運送経路に関する証明書等の提出は不要です。

②①以外による運送の場合で次の(イ)、(ロ)に該当する場合には、税関その他の権限を有する官公署が発給した証明書等（**運送要件証明書**）の提出が必要です。なお、課税価格の総額が20万円以下の物品や特例申告貨物の場合は不要です。

(イ)その原産地である特恵受益国から**非原産国**を経由して本邦へ運送される場合で、非原産国において**運送上の理由による積替え及び一時蔵置以外の取扱いがされなかった場合**

(ロ)その原産地である特恵受益国から非原産国における**一時蔵置又は博覧会、展示会及びその他これらに類するものへの出品のため輸出された物品**で、その輸出した者により、当該原産国から本邦へ輸出される場合

次の問いに〇か×で答えなさい。

❶特恵関税制度は、特恵税率を定めた物品の輸入の増大を図ることにより国内産業の安定化を促すための制度です。

❷特別特恵受益国の条件に、関税についての便益を受けることを希望することは含まれていない。

Answer

❶ ×　特恵関税制度は、開発途上国の経済発展に寄与するという、南北問題の解決につながる国際的な見地から国連貿易開発会議（UNCTAD）により創設された制度です。日本国内の経済活性化が制度目的ではありません。

❷ 〇　特別特恵受益国として特別の便益の供与を受けられる条件は、特恵受益国等のうち、国連総会の決議で後発開発途上国（LDC）とされていることと、特別の便益を与えることが適当であるとして政令で定められていることという、2つのみです。

16 EPA（経済連携協定）

　EPAは、WTOの定める国際的な貿易ルールを補完する目的で、締約国（地域）同士で独自に結ばれている経済連携協定です。FTA（Free Trade Agreement）が関税の削減、撤廃等の貿易の自由化を目的とした協定であるのに対して、EPAは貿易の自由化に加えて知的財産権の保護や投資等の様々な分野をカバーした包括的な協定を意味していましたが、現在では特に区別せず、同義語として使用されるのが通常です。

1. EPA誕生の経緯

　WTO（World Trade Organization：世界貿易機関）は、1995年に設立された、世界の自由貿易を推進する機関です。加盟国はWTOの定めた協定を守らねばならず、加盟国間の紛争は、準包括的な紛争処理機関で審理され、違反に対しては、是正を勧告するという対応がとられています。

　しかし、WTOの目指す自由貿易体制も、先進国と発展途上国との考え方の違いや、新たに台頭しつつある保護主義との衝突等の要因により、十分に効果を発揮できていない状態です。そこで登場したのが、EPA（Economic Partnership Agreement：経済連携協定）やFTA（Free Trade Agreement：自由貿易協定）という地域経済連携協定です。EPAは、2国以上の国の間で結ばれ、域内の関税の撤廃やビジネス及び投資における規制の緩和・撤廃を定めるものです。

2. 主なEPA

　日本を取り巻くEPA締結状況は、図表5-46のとおりです。

日本を取り巻くEPAの締結状況（図表5-46）

日本	TPP11	シンガポール、マレーシア、ブルネイ、ベトナム、オーストラリア、ニュージーランド、カナダ、ペルー、メキシコ、チリ
	RCEP	シンガポール、マレーシア、ブルネイ、ベトナム、ラオス、カンボジア、ミャンマー、フィリピン、タイ、インドネシア（以上、ASEAN）、韓国、中国、オーストラリア、ニュージーランド
	日EU・EPA	欧州連合（EU）
	日米貿易協定	アメリカ
	日英EPA	イギリス

①TPP11（Comprehensive and Progressive Agreement for Trans-Pacific Partnership〈CPTPP〉：環太平洋パートナーシップに関する包括的及び先進的な協定）

②RCEP（Regional Comprehensive Economic Partnership Agreement：地域的な包括的経済連携協定）

ASEAN（アセアン）の10ヵ国と日本、韓国、中国、オーストラリア、ニュージーランドが加盟しています。インドは交渉に参加しましたが署名しませんでした。

③日EU・EPA

④日米貿易協定・日米デジタル貿易協定

⑤日英貿易協定

EU離脱後の英国との日EU・EPAに代わる協定です。

キャッチアップ制度や**拡張累積制度**によって、日EU・EPAの頃の協定内容を維持、改善しています。

3. EPA活用のためのプロセス

どのようなEPAであっても、基本的には以下のようなプロセスで運用されます。

①HSコードを特定する

②関税率を調べる

　MFN税率（最恵国税率）とEPA税率を調べ、EPA税率が低ければこちらを使うことを検討します。また、EPA税率を調べる際には譲許表（Schedule）を参照します。

③原産地規則を確かめる

④積送基準を確かめる

　協定相手国への輸送における原産性維持とみなされるためのルールが積送基準です。

⑤原産地手続を行う

⑥検認（確認）要請に応じる

4. 日本が締結しているEPA/FTA

　現在、日本が締結しているEPA/FTAは、次のとおりです。

シンガポール協定	メキシコ協定	マレーシア協定
チリ協定	タイ協定	インドネシア協定
ブルネイ協定	アセアン包括協定	フィリピン協定
スイス協定	ベトナム協定	インド協定
ペルー協定	オーストラリア協定	モンゴル協定
日英協定	EU協定	チリ協定

環太平洋パートナーシップ協定（TPP11協定）
地域的な包括経済連携協定（RCEP）

　「RCEP（地域的な包括的経済連携協定）」は、2020年11月15日に署名されていますが、2021年8月1日現在、発効はされていません。EPA/FTAは発効されない限り効果を享受できません。今後の動向を注視しましょう。

5. 原産地の証明に関する制度

　原産地を証明する方法には以下のようなものがあります。

A. 商工会議所などの第三者機関が証明する方法

　第三者機関により、原産地証明書が交付されます。協定税率の適用を受ける場合や特恵関税の適用を受ける場合、一部のEPA協定の適用を受ける場合等で一般的な証明方法です。

B. 輸出入の当事者が証明する方法

　一部のEPA協定の場合に規定されています。これには、以下の2種類があります。

①**認定輸出者**が原産品であることを**自ら証明する方法**

②**生産者**又は**輸出者**や**輸入者**が自ら原産性を満たしていることを**税関に申告する方法**

　EPA協定の場合、協定ごとにこれらの証明方法が重複して認められている場合もあります。これをまとめたのが図表5-47です。

日本が締結している経済連携協定に係る原産性の証明方法等（2020年11月1日現在発効しているEPA）（図表5-47）

EPA/FTA	原産地証明書	原産品申告書等	認定輸出者による自己証明	運送要件証明等
オーストラリア協定	○	○	×	○
メキシコ協定	○	×	○	○
スイス協定	○	×	○	○
ペルー協定	○	×	○	○
モンゴル協定	○	×	×	○
TPP11協定、EU協定及び日米貿易協定	×	○	×	○
その他のEPA	○	×	×	○

※日米貿易協定では、原産品申告書は輸入者のみが作成・申告できます。

6. 原産性の証明が不要な場合

　原産性の証明は、原則として輸入（納税）申告等の際に税関に提出します。しかし、それぞれの制度において以下の場合は共通して提出が不要です。

①課税価格の総額が20万円以下の場合

②特例申告貨物（特例輸入者が特例申告により輸入する貨物）の輸入の場合

図表5-48は、原産性を証明する書類についてのそれぞれの制度の比較です。

原産性を証明する書類の比較（図表5-48）

	協定税率の適用を受ける場合（WTO加盟国からの輸入・便益関税の適用）	特恵関税の適用を受ける場合	EPA（経済連携協定）の適用を受ける場合（締約国原産地証明書／締約国原産品申告書等）
条文	関税法施行令61条1項1号	関税暫定措置法施行令27条、28条、29条等	関税法施行令61条1項2号イ（1）及び（2）
①～③のいずれかのものを輸入する場合は提出不要	①課税価格の総額が20万円以下のもの		
	②20万円超の貨物については種類、商標等又は当該貨物に係る仕入書その他の書類によりその原産地が明らかなもの	②20万円超の物品については、税関長が物品の種類又は形状によりその原産地が明らかであると認めたもの（インドネシア協定又はアセアン包括協定における関税についての特別な規定による便益の適用を受けるものを除く。）	
	③特例申告貨物	③特例申告貨物（ただし、税関長が提出の必要があると認めた場合は提出を要する。）	③特例申告貨物
有効期間	輸入申告等の日において、災害その他やむを得ない理由がある場合を除きその発給若しくは作成の日から1年以上経過したものであってはならない		
書式	法令で別段の定めなし	関税暫定措置法施行規則10条に定める様式を使用	法令で別段の定めはないが、通達で定められている
非原産国を経由	運送要件証明書の提出不要	原産地証明書のほかに運送要件証明書の提出が必要（課税価格の総額が20万円以下の場合を除く。）	

7. 運送要件

A. 運送要件

　輸入する貨物が、締約国から締約国以外の地域（非原産国）つまり第三国を経由して本邦へ運送される場合、一定の積送基準に合った方法で運送しなければなりません（課税価格20万円以下のものは除く）。これを**運送要件**といいます。

B. 運送要件証明書

　運送要件を証明するには、以下の書類の提出が必要です。これらを**運送要件証明書**といいます。

①締約国から本邦輸入港までの通し船荷証券の写し

②当該貨物について積替え、一時蔵置、若しくは、博覧会等への出品がされた非原産国の税関等権限のある官公署が発給した証明書　など

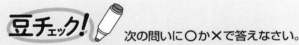

次の問いに〇か✕で答えなさい。

❶インドネシアはASEAN加盟国であり、RCEPにも参加している。

❷TPP11協定における関税についての特別の規定による便益に係る税率の適用を受ける場合には、締約国の権限のある機関が発行した原産地証明書が必要である。

Answer

❶ 〇　RCEPとASEANの両方に加盟している国は、シンガポール、マレーシア、ブルネイ、ベトナム、ラオス、カンボジア、ミャンマー、フィリピン、タイ、インドネシアの10ヵ国です。

❷ ✕　TPP11協定で、原産性の証明方法として、輸入者、輸出者もしくは生産者による原産品申告書の提出が必要です。

通関地理を突破する方法

❶北米・南米

■北米

北米（図表6-1）

カナダ
首都　オタワ
人口　3797万人
　　　（2019年）
面積　998万km²
・世界で2番目に広い国土
・森林資源が豊富

アメリカ合衆国
首都　ワシントンD.C.
人口　3億2906万人
　　　（2019年）
面積　983万km²
・世界の政治・経済の中心
・世界有数の農産物の輸出国

メキシコ
首都　メキシコシティ
人口　1億2779万人
　　　（2019年）
面積　196万km²
・マヤ文明やアステカ文明
　が栄えた

　北アメリカ大陸の面積はおよそ2471万km²で、地球の陸地面積の16%超を占めています。東部にアパラチア山脈、西部にロッキー山脈がそびえ、中央部にはプレーリー、グレートプレーンズと呼ばれる、いずれも世界最大級の穀倉地帯が広がっています。それらの広大な土地を利用して行われるとうもろこしや小麦の生産が盛んです。19世紀後半、パナマとアメリカで立て続けに**大陸横断鉄道**が完成し、アメリカはその当時における最新の輸送手段を使って西部開拓を推進しました。

　北アメリカ大陸では広大な土地で大型機械を使って行う大規模農業や灌漑農業
が発達しており、また天然資源も豊富なため、特にアメリカとカナダは日本にとっ

て重要な貿易相手国です。

1. アメリカ合衆国

　アメリカは日本にとって、中国に次ぐ**2位の貿易相手国**です。センターピボット方式による**灌漑農業**が盛んで、様々な農産品が適地適作で生産されています。**とうもろこしや大豆**のほか、**原油産出量**においても**世界1位**です。また世界一の工業国でもあり、**北緯37度以南のサンベルト**地帯に最先端のIT技術を持つ多国籍企業が集中しています。中でも最も有名な地域が**シリコンバレー**です。

2. カナダ

　カナダの国土面積は世界2位で、その国土の約3分の1を**タイガ**と呼ばれる針葉樹林帯が占めています。豊かな森林資源を活用した**木材・木製品、製紙業**や**パルプ生産**、西部のロッキー山脈や中東部に多く見られる氷河湖から採れる**ニッケル**や**亜鉛、金**（生産量世界6位）などの**鉱山資源**が主な生産品です。

3. メキシコ合衆国

　かつては**マヤ文明**や**アステカ文明**が繁栄し、正確な暦<ruby>暦<rt>こよみ</rt></ruby>などが発明されました。16世紀にスペインの侵略を受けて植民地となり、現在では公用語はスペイン語、宗教の多数派はキリスト教（カトリック）です。

　メキシコ湾岸にはメキシコ産業を支える重要な**油田**が存在しており、日本の各総合商社もこのメキシコ湾岸油田にいくつもの鉱区を保有し、投資対象としています。また**銀**（世界1位）、銅、亜鉛といったベースメタルのほか、アンチモンをはじめとする**レアメタル**等の**鉱山資源**にも恵まれています。

北米の主な国（図表6-2）

	アメリカ	カナダ	メキシコ
面積（万km²）	983（3）	998（2）	196
人口（万人）	32,906（2）	3,797	12,779（10）
首都	ワシントンD.C.	オタワ	メキシコシティ
名目GDP（10億米ドル）	20,937（2020 JETRO）	1,730.9（2019 JETRO）	1,076（2020 外務省）
通貨	アメリカドルUSD	カナダドルCAD	メキシコペソMXN
主要産業	IT産業、石油、とうもろこし、小麦、大豆、綿花	米、農林水産業、木材、鉱工業、建築業等	銀、銅、石油
加盟条約・協定	日米貿易協定、USMCA等	TPP11、APEC、USMCA、CETA等	日メキシコEPA、メルコスール、USMCA等

※数値は2019年のものです。
※（ ）内の数字は世界における順位を表しています。

■南米

南米（図表6-3）

ブラジル
首都　ブラジリア
人口　2億1161万人
　　　（2019年）
面積　851万km²
・日本からの移民が多い
・BRICSの1つ

アルゼンチン
首都　ブエノスアイレス
人口　4538万人
　　　（2019年）
面積　279万km²
・パンパという草原で小
　麦の栽培や放牧が盛ん

　南北が地続きとなっているアメリカ大陸の中でも、**パナマ地峡**以南が南アメリカとされています。言語や宗教等の面で大航海時代以降のキリスト教圏の影響が色濃く残っており、その多くはラテン系民族の入植によって築かれたものであるため**ラテンアメリカ**とも呼ばれます。

　大陸全域で比較的標高が高く、かつ赤道付近の国は気温も高いため、コーヒー豆栽培等が盛んに行われています。戦後、国土が荒れ果ててしまったため日本人は出稼ぎ先を求め、オリンピックに始まる高度経済成長期までの間に多くの日本人がブラジルをはじめとした南米各国へと移住し、コーヒー農園労働等に従事しました。

こうした歴史的経緯から、日本と南米各国との関係は決して浅くありません。

　経済面を見ると地域間の格差が激しく、国家を超えた経済連携策が求められています。活路を見いだす組織として注目されているのが、1995年、域内の関税撤廃や税産物やサービスの自由な往来といった、まるでEUのような目的を持って設立された**南米南部共同市場（MERCOSUR：メルコスール）**です。これから紹介する2国が中心であり、南米地域全体が一丸となって国際的影響力を増大させていくことを目指しています。

4. ブラジル連邦共和国

　コーヒー豆栽培（世界1位）、カカオ豆栽培（世界7位）やバイオ燃料事業をはじめ広大な土地面積を活かした産業で経済力を増しており、こうしたブラジルの農産業に従事するため戦後に多くの日本人がブラジルへと移住した歴史があります。

　高い人口増加率と経済成長率から**BRICS**の一角に数えられるほどのポテンシャルを持ち、**さとうきび由来のバイオ燃料生産量はアメリカに続き世界2位**です。しかし、そのさとうきび栽培のため過剰な森林伐採を繰り返したことで、森林面積が減少してしまうという環境問題も引き起こされています。国内の貧富の差も大きな社会問題の1つです。

5. アルゼンチン

　1982年に勃発したサッチャー首相率いる英国との**フォークランド戦争**に敗北したのち、政変が続き経済も不安定になりましたが、2003年に樹立したキルチネル政権以降は経済的及び社会的な安定を取り戻しました。ブラジルとともに南米南部共同市場（メルコスール）の中核を担う国です。

　農業大国であり、**パンパ**と呼ばれる温帯地帯において牧畜業や農業が盛んに行われています。**小麦の生産量は世界10位**です。

南米の主な国（図表6-4）

	ブラジル	アルゼンチン
面積（万km²）	851（5）	279（8）
人口（万人）	21,161（6）	4,538
首都	ブラジリア	ブエノスアイレス
名目GDP （10億米ドル）	1,885（2018 外務省）	445.5（2019 JETRO）
通貨	ブラジルレアル BRL	アルゼンチンペソ ARP
主要産業	バイオ燃料、コーヒー豆、カカオ豆、さとうきび、大豆、バナナ、石油、ボーキサイト、水力発電	牧畜業、小麦、えび、アルミニウム塊、とうもろこし
加盟条約・協定	メルコスール、ALADI等	メルコスール、ALADI等

※数値は2019年のものです。
※（ ）内の数字は世界における順位を表しています。

 次の問いに〇か×で答えなさい。

❶アメリカは、北緯37度以南のサンベルト地帯に最先端のIT技術を持つ多国籍企業が集中している。

❷アルゼンチンは、さとうきび由来のバイオ燃料生産量がアメリカに続き世界2位である。

Answer

❶ 〇 アメリカは、北緯37度以南のサンベルト地帯に最先端のIT技術を持つ多国籍企業が集中しています。

❷ × さとうきび由来のバイオ燃料生産量がアメリカに続き世界2位であるのはブラジルです。

❷ヨーロッパ

ヨーロッパ (図表6-5)

イギリス
首都　ロンドン
人口　6680万人
　　　（2019年）
面積　24万km²
・本初子午線が通る

ドイツ
首都　ベルリン
人口　8316万人
　　　（2019年）
面積　35万km²
・ヨーロッパ最大
　の工業国

ロシア連邦
首都　モスクワ
人口　1億4670万人
　　　（2019年）
面積　1712万km²
・面積が世界最大の国

フランス
首都　パリ
人口　6706万人
　　　（2019年）
面積　63万km²
・ヨーロッパ最大
　の農業国

オランダ
首都　アムステルダム
人口　1728万人
　　　（2019年）
面積　4万km²
・ユーロポートはEU
　最大の交易港

　ヨーロッパ大陸には大小合わせて50以上もの国や地域と、多種多様な民族が存在しています。民族は大きくゲルマン系・ラテン系・スラヴ系に分かれ、宗教はほとんどの地域で**キリスト教**が信仰されていますが、カトリックやプロテスタント、正教会などその宗派は様々です。また数百年続いた植民地主義により、アフリカ大陸や南北アメリカ大陸をはじめとした世界各地にヨーロッパの言語や宗教等の文化が拡散されていったという歴史もあります。

1. イギリス（グレートブリテン及び北部アイルランド連合王国）

イギリス－アメリカ大陸－アフリカ大陸を結んだ「大西洋三角貿易」や、イギリス－清国－インドを結んだ三角貿易で世界規模の貿易システムを確立し、さらに18世紀から19世紀にかけて世界初の**産業革命**を達成したことで、ヨーロッパにおける圧倒的な経済力を築いてきました。20世紀後半から**北海油田**により石油を生産できるようになったほか、現在では**ロンドンが世界的な金融街**となっており、今も昔も英国は欧州経済の中心地です。近年は最先端技術の分野でも発展を見せています。2020年1月、EUを離脱する**ブレグジット**が現実となり大きな話題になりました。

2. フランス共和国

ヨーロッパ最大の農業国で、小麦やぶどうが多く生産されています。工業では**車の輸出台数において世界1位**で、プジョーやルノーというブランドが有名です。地理的表示（GI）の保護制度により、シャンパーニュ地方で採れるぶどうのみを使ったスパークリングワインだけが「シャンパン」と名乗ることができます。

3. ドイツ連邦共和国

フォルクスワーゲンに代表される自動車生産や化学・電子工業分野の成長が目覚ましく、名実ともにEUの経済をけん引している国です。ヨーロッパ最大の工業国で、**ルール工業地帯における石炭生産**は世界大戦以前から現在に至るまで活発に行われています。1989年にベルリンの壁が崩壊する前から続く東西の経済格差、欧州各国及び中東方面からの移民の増大、工業化に伴う酸性雨など、工業大国ならではの悩みを複数抱えています。

4. オランダ王国

風車で有名な国ですが、これは国土の4分の1を占めるポルダーという、海面よりも低い干拓地の排水を行うための設備としてかつて利用されていたものでした。ロッテルダム郊外にある**ユーロポートはEU最大の交易港**で、周辺には大規模な製油所や石油化学工場等が立ち並んでいます。酪農やチューリップ生産が主な産業です。

5. ロシア連邦

　現在、世界最大の国土面積を持つ国で、ユーラシア大陸北部の大部分をロシアの国土で占めています。1991年に共産主義国であったソビエト社会主義共和国連邦が崩壊し、今に続く連邦共和制のロシア連邦が新たに成立しました。農作物生産のほか、**石油及び天然ガスの生産量も世界トップクラス**であり、日本へはタンカー船で、ヨーロッパ各国へはパイプラインを用いてエネルギーを供給しています。反面、その天然資源の相場に経済が大きく左右されてしまうのが弱点でもあり、多角的な経済分野の育成、市場の自由化が急がれます。

　2021年のスエズ運河座礁事故を受け、東アジア－欧州を結ぶ代替国際複合輸送ルートとして**シベリアランドブリッジ (SLB)** が注目を集めています。

ヨーロッパの主な国 (図表6-6)

	イギリス	フランス	ドイツ	オランダ	ロシア
面積 (万km²)	24	63	35	4	1,712 (1)
人口 (万人)	6,680	6,706	8,316	1,728	14,670
首都	ロンドン	パリ	ベルリン	アムステルダム	モスクワ
名目GDP (10億米ドル)	2,743.6 (2019 JETRO)	2,707.1 (2019 JETRO)	3,863.3 (2019 JETRO)	902.4 (2019 JETRO)	1,280 (2016 外務省)
通貨	イギリスポンド GBP	ユーロ EUR	ユーロ EUR	ユーロ EUR	ルーブル RUB
主要産業	米、農林水産業、鉱工業、建築業、サービス業等	自動車、医薬品、ぶどう、飲料等	金融、一般機械、電気機器、医薬品、チューリップ	自動車、医薬品、一般機械、電気機械	原油、LNG、石炭、非鉄金属、魚介類等
加盟条約・協定	英EU通商・協力協定、日英EPA	EU、EMU等	EU、EMU等	EU、EMU等	EEU等

※数値は2019年のものです。
※（ ）内の数字は世界における順位を表しています。

 次の問いに〇か×で答えなさい。

❶ロシアは世界有数の天然資源生産大国であり、EUや中国等の周辺国へはパイプラインを、日本へはタンカーを用いて、それぞれに原油などを供給している。

❷オランダはヨーロッパ最大の農業国で、小麦やぶどうが多く生産されている。工業では車の輸出台数において世界1位で、プジョーやルノーというブランドが有名である。

Answer

❶ ◯　ロシアは世界有数の天然資源生産大国であり、EUや中国等の周辺国へはパイプラインを、日本へはタンカーを用いて、それぞれに原油などを供給しています。

❷ ✕　ヨーロッパ最大の農業国で、小麦やぶどうが多く生産されており、工業では車の輸出台数において世界1位で、プジョーやルノーというブランドが有名な国はフランスです。

❸ アジア

■ 東アジア

東アジア（図表6-7）

中華人民共和国
首都　北京（ペキン）
人口　14億3378万人（2019年）
面積　960万km²
・世界で最も人口が多い

朝鮮民主主義人民共和国
首都　ピョンヤン
人口　2567万人（2019年）
面積　12万km²
・日本と正式な国交はない

大韓民国
首都　ソウル
人口　5170万人（2018年）
面積　10万km²
・ハングル文字が使われる

日本
首都　東京
人口　1億2600万人（2019年）
面積　38万km²
・GDP世界3位

　日本やお隣の中国、韓国などがこの東アジア地域に属します。東アジアでは
FTA/EPAに関する議論が活発に行われており、東南アジア地域までをも含めた
"東アジア地域"の確立を目指す動きの一環として、1997年にはASEAN加盟10
カ国に日中韓3国を加えたASEAN+3が発足しました。台湾も日本にとって重要
な貿易相手です。輸入額全体の約4％を占める4位の輸入相手で、特に電気機器・
電子部品や金属類を多く台湾から輸入しています。また、東南アジアの国々は、地
理的に近いオセアニア地域との国際連携も多く見られます。

　東アジアは、20世紀に経済成長のピークを通過してしまったことで、現在は高齢

化が社会問題となっている国や地域が多いのも特徴です。

東アジアの主な国（図表6-8）

	日本	中国	韓国
面積（万k㎡）	38（60）	960（4）	10
人口（万人）	12,600	143,378（1）	5,170
首都	東京	北京	ソウル
名目GDP （10億米ドル）	5,154.5（3） （2019 JETRO）	14,723（2） （2020 JETRO）	1,646（12） （2019 外務省）
通貨	円　JPY	元　CNY	ウォン　KRW
主要産業	自動車、造船、産業用機械、半導体、医療用医薬品、観光等	米、小麦、野菜果物、衣類、石炭、鉄鉱石、石油、機械類等	米、野菜果物、造船、鉄鋼、自動車、電子部品、石油化学等

※数値は2019年のものです。
※（ ）内の数字は世界における順位を表しています。

■東南アジア

東南アジア（図表6-9）

ベトナム社会主義共和国
首都　ハノイ
人口　9762万人（2019年）
面積　33万km²
・近年工業化が進んでいる
・えびの養殖が盛ん

タイ王国
首都　バンコク
人口　6641万人（2019年）
面積　51万km²
・世界有数の米の輸出国
・仏教徒が多い

シンガポール
人口　569万人（2019年）
面積　0.07万km²
・赤道直下に位置する
・アジアNIESの一国

インドネシア
首都　ジャカルタ
人口　2億7060万人（2019年）
面積　192万km²
・約1万3000の島々から構成される
・イスラム教徒が多い

　1967年、バンコク宣言により**東南アジア諸国連合（ASEAN）**が結成され、原加盟国5ヵ国から現在は10ヵ国にまで拡大、さらに2015年には共同体となり、加盟各国は高い経済成長率を達成しています。さらに1992年から**アジア開発銀行（Asian Development Bank：ADB）**の主導で、東南アジア各国を結ぶ**大メコン圏（Great Mekong Subregion：GMS）**経済協力プログラムが推進されており、前述の**経済回廊**の建設により、域内経済の自由化や円滑化が実現したことから、多くの海外資本が東南アジアに注目しています。

　海に囲まれた高温多湿な地域であるため、ゴムをはじめとした**天然素材**や**天然資源**の生産量が多いのが特徴です。

　欧米列強の植民地であった時代はモノカルチャー経済の影響で貧富の差が広がる等の問題に苦しみましたが、今では上記の経済連携や経済回廊建設等の取り組みに

よりその影響を脱し、工業化・IT化がすさまじい勢いで進んでいます。

1. ベトナム社会主義共和国

1976年に**ベトナム戦争**が終結したあと、北側勢力により南北統一がなされ社会主義国家となりました。**コーヒー豆の生産量が世界2位、米の生産量が世界6位**であるほか、**石炭や鉄鋼資源採掘も重要な産業**です。

ベトナム戦争で支援を受けていた東側諸国からの支援が減ったことや経済制裁を受けたことを背景に、1980年代からドイモイ（刷新）と呼ばれる政策を展開。これが功を奏し経済を安定させ、さらに中国からの生産拠点移管を数多く受け入れていることから、安定した経済成長を見せています。

2. タイ王国

欧米諸国による支配を一度も受けなかった国で、**米**と**天然ゴム**の生産量は世界トップクラスです。日系企業の進出が最も多い国の1つであり、主に自動車産業、電子産業等の分野で日本の多くの国際企業がタイに拠点を有しているといわれています。

2008年のリーマンショック、2011年の国内の大洪水被害で立て続けに経済打撃を受け、さらに2013年を境に若年人口の減少が始まるといった状況の中で、経済成長率の回復に向けた政策が期待されています。

3. マレーシア

1980年代初めから、日本や韓国を手本とする**ルックイースト政策**を進めた結果、外国企業が進出し、**電子部品工業**が発達しました。農業では**パーム油**や**天然ゴム**の生産が盛んです。イスラム教徒が人口の約60%を超えます。

東南アジアの主な国（図表6-10）

	ベトナム	インドネシア	タイ	シンガポール	マレーシア
面積（万km²）	33	192	51	0.07	33
人口（万人）	9,762	27,060 (4)	6,641	569	3,195
首都	ハノイ	ジャカルタ	バンコク	－	クアラルンプール
名目GDP（10億米ドル）	261.92 (2019 JETRO)	1,089 (2020 JETRO)	543.55 (2019 JETRO)	362.8 (2019 JETRO)	337 (2020 JETRO)
通貨	ドン VND	ルピア IDR	バーツ THB	シンガポールドル SGD	マレーシアリンギット RM
主要産業	米、農林水産業、鉱工業、建築業、サービス業等	輸送機器、商業、ホテル、飲食業、鉱産資源、パーム油、ゴム、米等	米、野菜果物、造船、鉄鋼、自動車、電子部品、石油化学等	金融、電子部品、化学品、医療機器、輸送機械、精密機械、商業、サービス等	製造業（電気機器）、農林業（天然ゴム、パーム油、木材）及び鉱業（錫、原油、LNG）等
加盟条約・協定	TPP11、ASEAN等	ASEAN、APEC、ASEM、RCEP、OIC等	ASEAN、APTA、日韓投資協定、韓国・EU FTA等	TPP11、ASEAN、JSEPA等	TPP11、ASEAN、WTO、APEC、FTA等

※数値は2019年のものです。
※（ ）内の数字は世界における順位を表しています。

■南アジア・中央アジア・西アジア（中東）

南アジア・中央アジア・西アジア（中東）（図表6-11）

トルコ共和国
首都　アンカラ
人口　8315万人（2019年）
面積　78万km²
・アジアとヨーロッパの境界として知られる重要な国

アラブ首長国連邦（UAE）
首都　アブダビ
人口　977万人（2019年）
面積　8万km²
・7つの首長国による連邦制をとっている国

サウジアラビア
首都　リヤド
人口　3422万人（2019年）
面積　214万km²
・世界有数の石油産出国
・イスラム教徒が多い

インド
首都　ニューデリー
人口　13億6641万人（2019年）
面積　328万km²
・世界で2番目に人口が多い
・ヒンドゥー教徒が多い

　西アジアからアフリカ北部にかけての一帯は別名・**中東**とも呼ばれ、**昔からアジア、ヨーロッパ、アフリカの3大陸をつなぐ貿易上の要所でした**。その中東とアジアをつなぐ地域が南アジア及び中央アジアで、中でも中央アジアはかつて東アジアとヨーロッパを結ぶ「**シルクロード**」交易で栄えましたが、現在は**レアメタル**が多く産出される地域として注目を浴びています。乾燥帯のステップ気候が特徴的で、西アジアや南アジアは乾燥帯に属し、砂漠が広がっています。

　人口の多さや豊富な資源に支えられた潜在的経済力の高い国が多い反面、その大半が発展途上国であり、インフラの欠如や経済格差といった問題も抱えています。

南アジア・中央アジア・西アジア（中東）の主な国（図表6-12）

	インド	サウジアラビア	UAE	トルコ
面積（万km²）	328（7）	214	8	78
人口（万人）	136,641（2）	3,422	977	8,315
首都	ニューデリー	リヤド	アブダビ	アンカラ
名目GDP（10億米ドル）	2,875（2019 外務省）	779.3（2019 JETRO）	405.8（2019 JETRO）	743.7（2019 JETRO）
通貨	インドルピー INR	サウジリヤル SAR	アラブ首長国連邦ディルハム AED	トルコリラ TRY
主要産業	IT産業、茶、米、小麦、綿花、工業、鉱業	原油、化学製品	石油	製造業、農業、衣服類
加盟条約・協定	CEPA（日・インド包括的経済連携協定）等	OPEC、GCC、GAFTA等	OPEC、GCC、GAFTA等	EU関税同盟等

※数値は2019年のものです。
※（ ）内の数字は世界における順位を表しています。

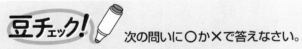
豆チェック！　次の問いに○か×で答えなさい。

❶サウジアラビアの石油生産量は世界1位である。

❷中央アジアはかつて東アジアとヨーロッパを結ぶ「シルクロード」交易で栄えたが、現在はレアメタルが多く産出される地域として注目を浴びている。

Answer

❶ ✕　石油産出量世界1位の国はアメリカで、サウジアラビアの石油産出量は世界2位です。

❷ ○　中央アジアはかつて東アジアとヨーロッパを結ぶ「シルクロード」交易で栄えましたが、現在はレアメタルが多く産出される地域として注目を浴びています。

4 アフリカ

アフリカ（図表6-13）

モロッコ王国
首都　ラバト
人口　3647万人（2019年）
面積　44万km²
・アフリカ唯一の立憲君主制国家

エジプト・アラブ共和国
首都　カイロ
人口　1億40万人（2019年）
面積　100万km²
・国土の95%が砂漠

ケニア共和国
首都　ナイロビ
人口　5257万人（2019年）
面積　58万km²
・東アフリカにおいて最も国際的影響力のある国の1つ

ナイジェリア
首都　アブジャ
人口　2億96万人（2019年）
面積　92万km²
・世界最大規模の河口デルタ「ニジェールデルタ」を形成

南アフリカ共和国
首都　プレトリア
人口　5856万人（2019年）
面積　121万km²
・アフリカ唯一のG20メンバー国

　赤道が大陸のほぼ中央を通っており、中央部は熱帯で、その南北には乾燥帯が広がっています。おおむね高地が多いですが、場所によって雨量にかなりの差があり、乾燥地帯の**サバンナ**には多種多様な生物が生息しています。ゾウやサイ、キリンと

いった動物が共存していますが、象牙やサイの角を目的とする人間の狩猟・密猟により多くの種が絶滅の危機に瀕したため、このアフリカにおける乱獲問題が発端となって**ワシントン条約**が締結されました。

　古代から近現代に至るまで地理的に近いヨーロッパによる支配の影響が大きく、アフリカ諸国のほぼすべてが列強の支配下に入るという時期もありました。第二次世界大戦の終結により植民地体制が崩れたことで独立の動きが加速し、**17ヵ国が一斉に独立を果たした1960年**を特に「アフリカの年」と呼びます。

アフリカの主な国 (図表6-14)

	エジプト	ナイジェリア	モロッコ	ケニア	南アフリカ
面積 (万km²)	100	92	44	58	121
人口 (万人)	10,040	20,096 (7)	3,647	5,257	5,856
首都	カイロ	アブジャ	ラバト	ナイロビ	プレトリア
名目GDP (10億米ドル)	302.3 (2019 JETRO)	446.5 (2019 JETRO)	119 (2019 JETRO)	98.6 (2019 JETRO)	366 (2018 外務省)
通貨	エジプト ポンド EGP	ナイラ NGN	モロッコ ディルハム MAD	ケニア シリング KES	ランド ZAR
主要産業	石油生産、 鉱業、観光、 運河航行料 収入	農業	農業、製造 業、観光業	農業、工業、 鉱業	非鉄金属、 自動車
加盟条約・ 協定	OPEC、エ ジプト・E U連合協定、 GAFTA等	OPEC、 AfDB、 ECOWAS 等	EFTA・モ ロッコ自由 貿易協定、 GAFTA等	EAC等	SACU、 SADC、 IORA、 AfCFTA、 CMAA等

※数値は2019年のものです。
※( )内の数字は世界における順位を表しています。

　ヨーロッパ諸国により人為的に分断された多民族地域が政治的に統合される形で創設された国が多いため、民族紛争や貧富の格差の激しい地域が多いのがアフリカ大陸全体を通しての課題です。しかし、**南アフリカ共和国がBRICsの一角に数え**

られるなど、人口の多さや豊かな国土、資源に下支えされた潜在的な経済力の高い国が多いのも特筆すべき点であり、今、最も経済成長や投資効果が期待されている大陸の1つでもあります。

産業においては、主に**コーヒー豆やカカオ豆をはじめとした農産品、鉄鉱石や白金族、石油燃料等の鉱山資源**を多く生産しています。

対日貿易状況を見ると、アフリカ全体へ**輸送用機械類**（**自動車や船**）とその部品を多く輸出しており、日本への輸入品で多いのは白金族や鉄鉱石などの**鉱山資源**となっています。

 **次の問いに〇か×で答えなさい。**

❶鉱山資源に富み、金、白金、クロムといった貴重な各種金属の埋蔵量が世界1位で、BRICsの一角に数えられるほどの経済大国である国は、ケニア共和国である。

❷第二次世界大戦の終結により植民地体制が崩れたことで独立の動きが加速し、17ヵ国が一斉に独立を果たした1960年を特に「アフリカの年」と呼ぶ。

Answer

❶ ✕　鉱山資源に富み、金、白金、クロムといった貴重な各種金属の埋蔵量が世界1位で、BRICsの一角に数えられるほどの経済大国である国は、南アメリカ共和国です。

❷ 〇　第二次世界大戦の終結により植民地体制が崩れたことで独立の動きが加速し、17ヵ国が一斉に独立を果たした1960年を特に「アフリカの年」と呼びます。

5 オセアニア

オセアニア（図表6-15）

オーストラリア
首都　キャンベラ
人口　2536万人（2019年）
面積　769万km²
・羊毛の輸出量は世界1位

ニュージーランド
首都　ウェリントン
人口　504万人（2019年）
面積　27万km²
・畜産と酪農、青果生産が盛ん

　オセアニアは、**オーストラリア大陸、ニュージーランドを含むポリネシア、ニューギニアを含むメラネシア、パラオ共和国などを含むミクロネシアという4つの地域**に大きく分けられます。

　特にオーストラリアとニュージーランドは、公用語が英語、移民受入れに積極的、経済成長率が著しいといった理由から、日系企業が最も積極的に進出している海外地域の一角です。

　18世紀からヨーロッパ人による入植が始まり、19世紀にはオセアニアのほぼすべての地域が植民地となりました。そのため今でもキリスト教徒が多数派です。オーストラリアが国土、人口、経済力ともに最大規模であり、**シドニー**はオセアニア最大の都市です。第二次世界大戦においては、日本軍とアメリカ軍やオセアニア各国軍による激戦が繰り広げられ、大戦最大の戦地となりました。

　戦後は1960年代以降、**政府開発援助（ODA）**により日本から大規模な漁業関係

の支援が行われ、当時の支援が現在のオセアニア各国における産業の基礎となっています。

オセアニアの主な国（図表6-16）

	オーストラリア	ニュージーランド
面積（万km²）	769（6）	27
人口（万人）	2,536	504
首都	キャンベラ	ウェリントン
名目GDP（10億米ドル）	1,376.3（2019 JETRO）	204.7（2019 JETRO）
通貨	オーストラリアドル　AUD	ニュージーランドドル　NZD
主要産業	農林水産業、鉱業、製造業、建設業、金融・保険業、サービス業等	乳製品、肉類、木製品、果実、水産物、ワイン、羊毛等
加盟条約・協定	TPP11、日豪EPA、RCEP	TPP11、RCEP等

※数値は2019年のものです。
※（ ）内の数字は世界における順位を表しています。

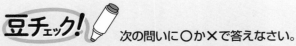 次の問いに〇か×で答えなさい。

❶オーストラリアとニュージーランドは、公用語が英語、移民受入れに積極的、経済成長率が著しいといった理由から、日系企業が最も積極的に進出している海外地域の一角である。

❷オーストラリアが国土、人口、経済力ともに最大規模であり、メルボルンはオセアニア最大の都市である。

Answer

❶ 〇　オーストラリアとニュージーランドは、公用語が英語、移民受入れに積極的、経済成長率が著しいといった理由から、日系企業が最も積極的に進出している海外地域の一角です。

❷ ✕　オーストラリアは国土、人口、経済力ともに最大規模ですが、オセアニア最大の都市はシドニーです。

通関ビジネス実務検定™
模擬試験問題

第1科目　通関関連法務及び通関関連実務

【問題1／正誤（○×）式】　各1.5点×20題　30点（15分）

次の記述について、正しいものには○印を、誤っているものには×印をマークしなさい。

1. 関税法上、輸入とは、外国貨物を本邦に引き取ることをいう。

2. 本邦の船舶がアメリカ合衆国の領海で採捕した水産物は、関税法上の内国貨物に該当する。

3. 輸出しようとする貨物は、原則として保税地域等に搬入後、当該保税地域等を所轄する税関長に輸出申告を行わなければならない。

4. 関税の税率、関税を課する場合における課税標準及び関税の減免その他関税制度について定めている法律は、関税定率法である。

5. 保税工場で保税作業によりできた製品を外国に向けて送り出す場合には、関税法上の積みもどしに該当する。

6. 保税展示場の許可期間満了の際に、当該保税展示場に外国貨物があり、関税が徴収されることとなった場合には、当該保税展示場の許可を受けた者が納税義務を負う。

7. 保税蔵置場にある外国貨物が、災害その他やむを得ない事情により亡失した場合、当該保税蔵置場の許可を受けた者から、直ちにその関税が徴収される。

8. 関税額の確定方式は、賦課課税方式が原則であるが、例外的に申告納税方式により関税が確定する場合もある。

9. 関税の税率の種類のうち、特恵税率は、国定税率の一つである。

10. 輸入貨物が輸入港に到着するまでの運賃、保険料その他の運送関連費用は、それらが現実支払価格に含まれていない場合には、課税価格に加算される費用として、それらを加算して課税価格を求める必要がある。

11. 総合保税地域に総保入承認がされた場合に、外国貨物を置くことができる期間は、当該承認の日から1年である。

12. 税関長は、輸入してはならない貨物である大麻を発見したときは、没収、廃棄をすることができる。

13. 輸出しようとする貨物が、輸出貿易管理令でリスト規制されている貨物以外の貨物である場合は、経済産業大臣の輸出許可は不要である。

14. 回路配置利用権を侵害する物品は、輸出してはならない貨物である。

15. ベルギー・ブリュッセルから輸入する場合で、基本税率3％、協定税率5％、特恵税率Freeであった場合、適用される税率は、協定税率の5％である。

16. 輸入許可前貨物の引取りの承認申請は、輸入申告を行った後に行う。

17. 特別特恵受益国とは、経済が開発途上にある国であって、関税について特別の便益を受けることを希望するもののうち、便益を与えることが適当であるとして政令で定める国をいう。

18. 学術研究用品については輸入許可の日から原則として1年以内に輸出されることを条件に関税が免除されるが、当該用途以外の用途に供された場合には、免除された関税が徴収されることはない。

19. 外国において生産又は輸出について直接又は間接に補助金の交付を受けた貨物の輸入が、当該補助金の交付を受けた輸入貨物と同種の貨物を生産している本邦の産業に実質的な損害を与える事実がなかったとしても、当該本邦の産業を保護するため必要があると認められれば、相殺関税を課することができる。

20. 輸入申告書に記載する単位で「CM」は、立法メートルの意味である。

【問題2／選択式】 各2.25点×20題 45点 (20分)
次の記述について、①〜⑳ (　　　) 内に示した語句のうち正しいものを選び、その記号をマークしなさい。

1. 公海で外国の船舶により採捕された水産物は、① (A. 内国貨物　B. 外国貨物) である。

2. 輸入許可前に貨物を引き取ろうとする者は、② (A. 貨物の課税標準　B. 貨物の関税額) に相当する担保を提供して税関長の承認を受けなければならない。

3. 保税運送の承認を受ける方法として、個別に承認を受ける方法と③ (A. 1年　B. 6月) 以内で税関長が指定する期間内に発送される貨物に対して一括して承認を受ける方法がある。

4. 海路による保税運送を④ (A. ICT　B. OLT) という。

5. 他の法令により輸入に関して許可、承認等を必要とする貨物については、⑤ (A. 輸入申告の際　B. 検査・審査の際)、当該許可、承認等を受けている旨を税関に証明しなければならない。

6. 特例申告を行うことができるのは、⑥ (A. 特例輸入者　B. 到着即時輸入許可扱いの承認を受けた者) である。

7. 関税を過大に申告した場合には、当該納税申告をした者は、⑦（A. 更正の請求　B. 修正申告）を行うことができる。

8. 税関長は、輸入されようとする貨物が公安又は風俗を害すべき書籍に該当すると認めるに相当の理由があるときは、⑧（A. 認定手続きを行う。　B. 当該貨物を輸入しようとする者にその旨を通知する。）

9. 二国間EPA税率と多国間EPA税率は、それぞれ別個の条約に基づいた税率であるが、両者が並存し、当該並存している締約国より輸入をしようとする際に、いずれを選ぶかは⑨（A. 税関長の裁量　B. 輸入申告者の選択）に委ねられる。

10. 実行関税率表に「課税価格が1個につき6,000円を超えるもの」の税率が20%、「その他のもの」の税率が10%とある場合、課税価格が1個6,000円の貨物の税率は、⑩（A. 20%　B. 10%）である。

11. 中国及び韓国が締約国に含まれている多国間の経済連携協定である通称RCEPは、日本語では、⑪（A. 地域的な包括的経済連携協定　B. 環太平洋パートナーシップに関する包括的及び先進的な協定）である。

12. 特例輸入者が輸入申告を行う場合の申告先は、⑫（A. 保税地域等を所轄する税関長　B. 全国いずれかの税関長）である。

13. 外国為替及び外国貿易法及び輸入貿易管理令で規定する輸入割当品目（IQ品目）に該当する貨物を輸入する場合、経済産業大臣の輸入割当てを受け、かつ⑬（A. 税関長　B. 経済産業大臣）の輸入承認を受けなければならない。

14. 納税義務者等は、⑭（A. 申告納税方式　B. 賦課課税方式）が適用される貨物の輸入申告について必要な輸入貨物の関税定率法別表（関税率表）の適用上の所属、税率などについて税関に事前照会を行うことができる。

15. 免税コンテナーは、その再輸出期間内であれば、国内の貨物運送に⑮（A．何回でも　B．1回まで）使用することができる。

16. 関税の法定納期限は、原則として⑯（A．輸入申告の日　B．輸入許可の日）である。

17. 国際博覧会への参加国が発行した当該博覧会のための公式ポスターの輸入については、⑰（A．再輸出免税　B．無条件免税）が適用される。

18. 千葉県市川市を管轄する税関は、⑱（A．横浜税関　B．東京税関）である。

19. 通関士の義務とされるものは、名義貸しの禁止、信用失墜行為の禁止、⑲（A．秘密を守る義務　B．料金掲示の義務）である。

20. 通関業者は、通関業務のほか、その関連業務を行うことができるが、⑳（A．食品衛生法の規定に基づく食品等の輸入届出手続き　B．輸入（納税）申告）は関連業務とされる。

【問題3／語群選択式】　各3点×10題　30点（10分）
次の文章の①〜⑩の（　　）内に入る最も適切な語句を下記の語群より選び、その記号をマークしなさい。

1. 関税率表の解釈に関する通則2（a）には、各項に記載するいずれかの物品には、（　①　）の物品で、（　②　）した物品としての（　③　）を提示の際に有するものを含むものとし、また、（　②　）した物品（この2の原則により（　②　）したものとみなす（　①　）の物品を含む。）で、提示の際に組み立てていないもの及び分解してあるものを含むと規定されている。
　　例えば、サドルのない自転車であっても、提示の際、自転車として使われることが一目瞭然（（　②　）した物品としての（　③　）を有している）であれば、（　④　）に分類される。

2. 下記のインボイスと輸出統計品目表は、"Table Knives, made of base metal clad with silver"を輸出する場合のインボイス及び関係する輸出統計品目表の抜すいである。

これをみると当該貨物の原産地は、（　⑤　）であることがわかる。また、NACCSで輸出申告する場合、輸出統計品目表から分類した品目番号である、（　⑥　）をNACCSに打ちこむ。

また、今回CIF条件で輸出することになっているが、インボイスの金額には、次の費用が含まれており、当該CIF条件の価格にそれらの費用等が占める割合は次のとおりである。

....

ア　工場から東京港までの運送運賃　　　　　　　　4%

イ　東京港における船積費用　　　　　　　　　　　5%

ウ　東京港からニューヨーク港までの運送費用　　　7%

エ　東京港からニューヨーク港までの海上保険料　　5%

....

この場合、輸出申告価格の計算を行うにあたり（　⑦　）を控除する。

ところで、輸出申告日の前週の実勢外国為替相場の平均値が、1米ドルあたり108円であり、前々週の平均値は、110円である場合、輸出申告価格は、（　⑧　）円である。

INVOICE

INVOICE

Seller		Invoice No. and Date
	TOKYO TRADING CO.,LTD.	LW-9341　OCT. 19th, 20XX
	1-1,3chome,kasumigaseki,	**Reference No.**
	Chiyoda-ku,Tokyo,JAPAN	Order No.H-23-8712

Buyer		Country of Origin:　JAPAN	
	FAR EAST CO.,LTD.	**L/C No.**	**Date**
	7771 North Ave. Bronks,	PW-5430	SEP. 22th, 20XX
	New York, U.S.A.		

Vessel or　On or about	Issuing Bank
YOKOHAMA MARU OCT. 25th, 20XX	
From　Via	NEW YORK CITY BANK, U.S.A.
TOKYO, JAPAN	
To	**Other Payment Terms**
New York, U.S.A.	

Marks and Nos.	Description of Goods	Quantity	Unit Price	Amount
		(pcs)	(per PC)	(CIF　US$)
◇FE◇ NEW YORK	Table Knives,made of base metal clad with silver	375 (N/W:18.9Kgs)	8.00	3,000.00
C/T No.1				
MADE IN JAPAN				

TOTAL: 1 Carton　　　　　　　　　　　　　CIF　NEW　YORK US$3,000.00

(G/W:23.5Kgs)

(N/W:18.9Kgs)

TOKYO TRADING CO.,LTD.

(SIGNATURE)

第71類 天然又は養殖の真珠、貴石、半貴石、貴金属
及び貴金属を張つた金属並びにこれらの製
品、身辺用模造輝貨類並びに貨幣

Chapter 71 Natural or cultured pearls, precious or
semi-precious stones, precious metals,
metals clad with precious metal, and
articles thereof; imitation jewellery;
coin

注

Notes.

4(A) 「貴金属」とは、銀、金及び白金をいう。

4.-(A) The expression "precious metal" means silver, gold and

10 第71.14項において細工品には、装飾品、食卓用品、化
粧用品、喫煙用具その他家庭用、事務用又は宗教用の製品
を含む。

10.-For the purposes of heading 71.14, the expression "arti-
cles of goldsmiths' or silversmiths' wares" includes such
articles as ornaments, tableware, toilet-ware, smokers'
requisites and other articles of household, office or reli-
gious use.

番号 NO	細分番号 sub. no	NACCS用	品 名	単位 UNIT I	単位 UNIT II	DESCRIPTION	参 考
7113.20	000	6	－貴金属を張つた卑金属製のもの		GR	－Of base metal clad with precious metal	賀Ⅱの2
71.14			細工品及びその部分品(貴金属製又は貴金属を張つた金属製のものに限る。)			Articles of goldsmiths' or silversmiths' wares and parts thereof, of precious metal or of metal clad with precious metal	
			－貴金属製のもの(貴金属をめつきしてあるかないか又は張つてあるかないかを問わない。)			－Of precious metal whether or not plated or clad with precious metal:	
7114.11	000	6	－－銀製のもの(その他の貴金属をめつきしてあるかないか又は張つてあるかないかを問わない。)		KG	－－Of silver, whether or not plated or clad with other precious metal	〃
7114.19	000	5	－－その他の貴金属製のもの(貴金属をめつきしてあるかないか又は張つてあるかないかを問わない。)		KG	－－Of other precious metal, whether or not plated or clad with precious metal	〃
7114.20	000	4	－貴金属を張つた卑金属製のもの		KG	－Of base metal clad with precious metal	〃
71.15			その他の製品(貴金属製又は貴金属を張つた金属製のものに限る。)			Other articles of precious metal or of metal clad with precious metal:	
7115.10	000	5	－触媒(白金をワイヤクロス状又はワイヤグリル状にしたものに限る。)		KG	－Catalysts in the form of wire cloth or grill, of platinum	賀2-49、Ⅱの2
7115.90	000	2	－その他のもの		KG	－Other	

第82類 卑金属製の工具、道具、刃物、スプーン及び
フォーク並びにこれらの部分品

Chapter 82 Tools, implements, cutlery, spoons and
forks, of base metal; parts thereof of
base metal

82.15			スプーン、フォーク、ひしやく、しやくし、ケーキサーバー、フィッシュナイフ、バターナイフ、砂糖挟みその他これらに類する台所用具及び食卓用具			Spoons, forks, ladles, skimmers, cake-servers, fish-knives, butter-knives, sugar tongs and similar kitchen or tableware:	
8215.10	000	3	－詰合せセット(貴金属をめつきした少なくとも一の製品を含むものに限る。)	DZ	KG	－Sets of assorted articles containing at least one article plated with precious metal	
8215.20	000	0	－その他の結合せセット		KG	－Other sets of assorted articles	
			－その他のもの			－Other:	
8215.91	000	6	－－貴金属をめつきしたもの	DZ	KG	－－Plated with precious metal	
8215.99	000	5	－－その他のもの	DZ	KG	－－Other	

日本関税協会編 (輸出統計品目表より抜粋)

3. 原産地を証明する方法は、（　⑨　）などの第三者機関が証明する方法（原産地証明書の交付）、輸出入の当事者が証明する方法があるが、第三者機関が交付する原産地証明書による方法は、協定税率の適用を受ける場合や特恵関税の適用を受ける場合、一部のEPA協定の適用を受ける場合などに利用されている。一方、輸出入の当事者が証明する方法は、一部のEPA協定の場合に規定されている。これには、（　⑩　）が原産品であることを自ら証明する方法と生産者又は輸出者や輸入者が自ら原産性を満たしていることを税関に申告する方法がある。

＜語群＞

ⓐ 認定通関業者	ⓗ ウ、エの費用	ⓞ 経済産業大臣
ⓑ 認定輸出者	ⓘ 290,400	ⓟ 完成
ⓒ アメリカ合衆国	ⓙ 313,500	ⓠ 自転車
ⓓ 日本	ⓚ 重大な欠陥	ⓡ 自転車の部品
ⓔ 商工会議所	ⓛ 未完成	ⓢ 7114200004
ⓕ 財務大臣	ⓜ 結合	ⓣ 8215910006
ⓖ イ、ウ、エの費用	ⓝ 重要な特性	

【問題4／三答択一式】　各3点×15題　45点（15分）
次の各問いについて選択肢から答えを1つ選び、その記号をマークしなさい。

1. 関税定率法4条1項に規定する課税価格の決定の原則が適用できるものは、次のうちどれか。

    A）買手による輸入貨物の処分又は使用についての制限がある場合

    B）賃貸借契約に基づき輸入される貨物

    C）輸入貨物が積み替え上の理由から第三国を経由して運送された場合

2. 2021年7月現在、CPTPP（TPP11協定）に加盟している国はどれか。

A）アメリカ

B）メキシコ

C）ロシア

3. 輸入（納税）申告の際に申告する「数量」に関し誤った説明は、次のうちどれか。

A）「CT」という単位は、カラットを意味しダイヤモンドの単位として記載されている。

B）「TH」という単位は、「組」を意味するものである。

C）「NO」という単位は、助数詞である「個」「本」「台」等を意味するものである。

4. 関税定率法4条1項に規定する課税価格の決定の原則により課税価格を算出する場合、課税価格に含めない費用はどれか。

A）輸出港から輸入港までの運送関連費用

B）買付代理人に支払う輸入貨物の買付に対する手数料

C）輸入取引の条件として支払う商標権の使用料

5. 関税定率法4条1項に規定する課税価格の決定の原則により課税価格を算出する場合、課税価格に含める費用はどれか。

A）買手が自己のために行った検査に要した費用

B）委託加工貿易に基づき委託者が無償で提供した輸入製品であるスカートのデザイン（外国でデザインされたもの）のデザイン料

C）輸入貨物に係る輸入取引が延払条件付取引である場合における額が明らかな延払金利

6. HSコードについての説明で誤っているものはどれか。

A）HSコードは、WCO（世界関税機構）によって定められた品目分類番号である。

B）HSコードは、日本で独自に使用している品目分類番号である。

C）HSコードは、第1類から第97類まで分類されている。

7. 日本で経済連携協定（EPA）に特恵原産地証明書を発行している第三者機関は、どれか。

A）日本貿易振興機構

B）日本商工会議所

C）輸出入・港湾関連情報処理センター株式会社

8. 次の輸入貨物で関税額の確定方式が賦課課税方式によらないものはどれか。

A）延滞税

B）無申告加算税

C）不当廉売関税

9. 次の物品に関する分類の説明で正しいものはどれか。

A）こっとう品は、第1類に分類されている

B）羊毛の織物は、第3類に分類されている

C）とうもろこしは、第10類に分類されている

10. 次の物品のうち第1類に分類されないものはどれか。

A）生きている牛

B）冷凍した牛肉

C）生きている七面鳥

11. 分類についての説明で、正しいものはどれか。

A）部、類及び節の表題は、単に参照上の便宜のために設けられたものである。

B）時計とともに一緒に申告されたケースで、時計とともに販売されるものであれば当該ケースが重要な特性を全体に与えているものであったとしても、当該時計として分類される。

C）ハンバーガーとポテトチップス（フレンチフライ）を一緒に包装したセットについては、ハンバーガーとポテトチップスのそれぞれについて分類する。

12. 輸出申告価格についての説明で正しいものはどれか。

A）船舶によって輸出される貨物の価格が無償の場合は、当該貨物が有償で輸出されたものとした場合の本邦における本船甲板渡し価格（FOB価格）が輸出申告価格となる。

B）CIF（運賃保険料込）条件で輸出された場合、仕入書価格がCIF価格となっていた場合は、当該価格を輸出申告価格とする。

C）輸出申告価格は、当該取引で使用した通貨により申告を行う。

13. インボイス価格3,000,000円（CIF価格）の場合で、このインボイス価格以外に輸入者が本邦に到着するまでの海上保険をさらに別途付保し400,000円を負担し、さらに、神戸港におけるCYのターミナルハンドリングチャージ70,000円、国内運送費80,000円を負担している場合の輸入申告価格のうち正しいものはどれか。

A）3,400,000円

B）3,470,000円

C）3,550,000円

14. 不当廉売関税に関しての説明で正しいものはどれか。

A）生産や輸出について国からの補助金を受けた貨物が当該国から輸入され本邦の生産者が損害を受けた場合、その補助金の額を限度して課する関税をいう。

B）不当廉売関税の要件でいう正常価格とは、輸出国における消費者に向けられる当該貨物と同種の貨物の通常の商取引における価格をいう。

C）不当廉売関税は、正常価格より低い価格で本邦に輸入されている場合、直ちに課されるものである。

15. 事前教示制度についての説明で誤っているものはどれか。

A）架空の貨物については、事前教示制度の対象とされていない。

B）事前教示制度は、原則として、インターネットによる電子メールを利用して行うことはできない。

C）輸入申告中の貨物については、事前教示制度の対象とされていない。

第2科目　通関関連知識、通関地理及び通関実務計算

【問題1／正誤（○×）式】　各1点×20題　20点（15分）

次の記述について、正しいものには○印を、誤っているものには×印をマークしなさい。

1. 通関業を営もうとする者は、経済産業大臣の許可を受ける必要がある。

2. 流通の役割は、品揃え形成活動を通じて生産と消費を媒介して橋渡しをすることである。

3. グローバルSCMは、距離的に離れている世界各地の拠点同士を情報ネットワークで結び付け、SCMを効率化させようとする考え方である。

4. 物流機能の一つである荷役とは、物資の積卸し、運搬、積み付け、ピッキング、仕分け、荷揃え等の作業のことである。

5. 航空輸送は、航空機専用のコンテナやULDに貨物を積み、ワイドボディー型旅客機の下部貨物室や貨物専用機に搭載して行われる。

6. 冷凍輸送等のためのコンテナで、貨物の温度を一定に保つことができるコンテナをドライ・コンテナという。

7. 中国最大の港と呼ばれる上海港は、福建省の上海市に位置する。

8. パナマ運河は、パナマ共和国のパナマ地峡を開削して造られたもので、太平洋と大西洋を結んでおり、アメリカ合衆国により管理されている。

9. 中東で生産される原油は、オイルロードと呼ばれるペルシャ湾からマラッカ海峡を通過する航路を使い、ULCCと呼ばれる巨大石油タンカーを使って日本に運ば

れてくる。

10. 通常、コンテナ船には貨物の積卸しをするクレーンが装備されている。

11. コンテナ一本を満たさない小口貨物はFCL貨物と呼ばれ、輸出の際はCFSでコンテナに他の荷主の貨物と混載されてから、CYを経由し、本船に船積みされる。

12. 2021年のスエズ運河座礁事故で注目された代替ルートの喜望峰ルートだが、「吠える40度」と呼ばれる海域の強風の影響で、ケープ半島の周辺は気象が厳しい。

13. 令和2年度におけるカニの輸入相手国第1位は、カナダである。

14. 令和2年度における日本における原油の輸入の相手国は、1位から5位まですべて中東諸国が独占している。

15. IATA（国際航空運送協会）により定められている空港コードで、FRAはフランクフルト国際空港で、MUCはミュンヘン国際空港である。

16. IATA（国際航空運送協会）により定められている空港コードで、PEKは北京首都国際空港で、SHAは上海虹橋国際空港である。

17. オーストラリアの首都はシドニーで、通貨単位はオーストラリアドルである。

18. 香港の国名コードとIATA（国際航空運送協会）により定められている香港国際空港の空港コードは、いずれもHKGである。

19. 東南アジアにおける大メコン経済回廊の東西経済回廊は、ミャンマー・ダウェイからタイ・バンコク、カンボジア・プノンペン、ベトナム・ホーチミンなど東南アジアの要所を横断する回廊である。

20. 通関業者には、通関士に一定の通関書類を審査させ記名させる通関業法上の義務がある。

【問題2／三答択一式】　各2点×10題　20点（15分）
次の各問いについて選択肢から答えを1つ選び、その記号をマークしなさい。

1. 日本の輸出者Xがアメリカの輸入者Yと次に掲げるインコタームズで契約した場合に、貿易条件からみて、一般に輸出者Xの費用負担が大きい条件はどれか。
   A）EXW
   B）FOB
   C）DDP

2. 絶滅のおそれのある野生動植物の種の保存のための国際協定であるものは、次のうちどれか。
   A）ワシントン条約
   B）モントリオール議定書
   C）バーゼル条約

3. コンテナ貨物についての説明で正しいものはどれか。
   A）コンテナ船への船積みの場合、海貨業者が船会社に船積申込書として提出する書類はShipping Applicationである。
   B）FCL貨物（Full Container Load Cargo）は、一荷主でコンテナ1本を使用した貨物である。一方、LCL貨物（Less than Container Load Cargo）は、1本のコンテナに複数荷主の貨物が混載される小口貨物のことである。
   C）FCL貨物の場合、コンテナ詰めした貨物の内容（積み付け順序および配置等）を記したCLP（Container Load Plan）をCFSオペレーターが作成する。

4. 時差についての説明であるが、誤っているものはどれか。

A）時差を計算する場合、夏時間（DST）を採用している国があるので、注意が必要である。

B）ベトナムは、夏時間（DST）を採用しており、この時の時差は、日本の2時間遅れである。

C）米国は、夏時間（DST）を採用しているが、ジョージア州のアトランタとは、この時の時差は、13時間日本の方が進んでいる。

5. 航空運送についての説明であるが、正しいものはどれか。

A）航空運送状（Air Waybill）は、海上輸送の場合のB/Lと同様、輸送契約の証拠書類であるが、有価証券ではない。

B）航空運賃の計算の基礎となる容積重量は、4,000立方センチメートルを1Kgとして計算する。

C）航空運賃は、原則として、ドル建てで表示され、出発地の空港から到着地の空港までの運賃で構成されている。

6. 信用状取引についての説明であるが、正しいものはどれか。

A）信用状取引は、多くの場合、取引金額が小さい場合やグループ会社などとの取引の場合に使われる。

B）信用状は、輸出国の通知銀行を経由して輸出者に交付される。

C）信用状取引におけるBeneficiaryは、輸出国の買取銀行をさす。

7. 周囲を南アフリカ共和国領土に囲まれた内陸国はどれか。

A）モーリタニア・イスラム共和国

B）モザンビーク共和国

C）レソト王国

8. 中華人民共和国の都市について正しい組み合わせはどれか。

A）東莞 – Guangdong – 山東省

B）天津 – Tianjin – 河北省

C）重慶 – Chongqing – 直轄市

9. 次の通貨単位とその使用している国の組合せで、誤っているものはどれか。

　A）イギリス – GBP

　B）フィンランド – EUR

　C）ベトナム – MYR

10. 世界の国々についての説明のうち誤っているものはどれか。

　A）フィリピン共和国は、全人口の約40％が第一次産業に従事している農業国であり、さとうきびやココナッツ、バナナなどの生産が盛んである。

　B）イラン、イラク、サウジアラビア、クウェート、アラブ首長国連邦などが加盟するアラブ石油輸出国機構（OAPEC）は、OPECが定めた枠内で、アラブ石油輸出国が共同して石油関連の活動を発展させることを目的としている。

　C）ニュージーランドは、国外への輸出は約60％が農産物で、乳製品がその中心となっているが、ワインの輸出額が近年大きくなっている。

【問題3／三答択一式】　各2点×5題　10点（20分）
次の各問いについて選択肢から答えを1つ選び、その記号をマークしなさい。

1. アメリカ合衆国からNACCSを使用して貨物を輸入する場合について、下記の資料1から資料4を参照し当該貨物の①課税価格　②品目番号を選択しなさい。

　①課税価格

　　A）554,040円

　　B）524,880円

　　C）583,200円

②HSコード

　A）6111.20-150-4

　B）6111.20-295-2

　C）6111.30-300-4

資料1

仕入書に記載されている価格には次の額が含まれている。

イ	輸出港から東京港に到着するまでの運賃	10%
ロ	輸出港における荷役費用	5%
ハ	輸出港から東京港までの海上保険料	6%
ニ	東京港における荷役費用	5%
ホ	東京港における一時蔵置費用	5%

資料2

実効外国為替相場の週間平均値及び輸入申告日

期間	週間平均値
令和〇年9.12～9.18	110.00円
令和〇年9.19～9.25	108.50円
令和〇年9.26～10.2	108.00円
令和〇年10.3～10.9	109.00円
令和〇年10.10～10.16	108.50円

輸入申告日　令和〇年10月14日

INVOICE

Seller	Invoice No. and Date
DM CO.,LTD.	CR9000 SEP. 15, 20XX
1231 North Street, 101	**Reference No.**
Seattle,Washington,95000 USA	Order No. ED-7900

Buyer	Countrry of Origin: U.S.A
TOKYO TRADING CO.,LTD.	**L/C No. Date**
1-1, 3chome, Kasumigaseki,	XP-7000 AUG.10, 20XX
Chiyoda-ku, Tokyo, JAPAN	

Vessel or	Issuing Bank
YOKOHAMA MARU	

From	Via	MHJ BANK
Seattle, U.S.A		

To	Date	Other Payment Terms
Tokyo, JAPAN	Oct.10,20XX	

Marks and Nos.	Description of Goods	Quantity PCS	Unit Price Per PCS	Amount (US$)
	Knitted Babies' Gloves of cotton	300	US$20.00	US$6,000.00

〈DM〉
Tokyo
C/T No.1-10
MADE IN U.S.A

TOTAL: 10cartons	DAP TOKYO	US$6,000.00

DM CO.,LTD.

(Signature)

資料４

実行関税率表

61.11			乳児用の衣類及び衣額附属品（メリヤス編み又はクロセ編みのものに限る。）					Babies' garments and clothing accessories, knitted or crocheted :
6111.20			綿製のもの					Of cotton :
	150	4	1 手袋、ミトン及びミット	9%	7.4%	*無税 Free	PR KG	1 Gloves, mittens and mitts
			2 パンティストッキング、タイツ、ストッキング、ソックスその他の靴下類		7.4%			2 Panty hose, tights, stockings, socks and other hosiery :
	210	1	（1）パンティストッキング及びタイツ	11.2%		*無税 Free	NO KG	(1) Panty hose and tights
	295	2	（2）その他のもの	9%		*無税 Free	PR KG	(2) Other
	300	0	3 その他のもの	10.8%	(10.8%)	*無税 Free	NO KG	3 Other
6111.30			合成繊維製のもの					Of synthetic fibres :
	150	1	1 手袋、ミトン及びミット	6.4%	5.3%	*無税 Free	PR KG	1 Gloves, mittens and mitts
			2 パンティストッキング、タイツ、ストッキング、ソックスその他の靴下類					2 Panty hose, tights, stockings, socks and other hosiery :
	210	5	（1）パンティストッキング及びタイツ	11.2%	7.4%	*無税 Free	NO KG	(1) Panty hose and tights
	295	6	（2）その他のもの	8%	6.6%	*無税 Free	PR KG	(2) Other
	300	4	3 その他のもの	10.7%	(10.7%)	*無税 Free	NO KG	3 Other

（日本関税協会編　実行関税率表から抜粋）

2. 次の貨物について納付すべき①関税額、②消費税額及び③地方消費税額を計算しなさい。

貨物Ｘ　　課税価格　5,785,200円

なお、貨物Ｘは、紡織用繊維製品である。

税率

1. 関税率	4.3%	
	標準税率	軽減税率
2. 消費税率	7.8%	6.24%
3. 地方消費税率	2.2% （消費税額の22/78）	1.76% （消費税額の22/78）

第1科目　通関関連法務及び通関関連実務　解答

【問題1／正誤（○×）式】　各1.5点×20題　30点（15分）

1. ○	2. ×	3. ×	4. ○	5. ○	6. ○	7. ×	8. ×
9. ○	10. ○	11. ×	12. ○	13. ×	14. ×	15. ×	16. ○
17. ×	18. ×	19. ×	20. ○				

1. 関税法上、輸入とは、外国貨物を引き取ることを言います。正しい。

2. アメリカ合衆国の領海で採捕された水産物は、採捕したのが本邦の船であろうが外国の船であろうが、外国貨物です。誤り。

3. 輸入しようとする貨物は、原則として保税地域等に搬入してから当該保税地域等を所轄する税関長に輸入（納税）申告を行わなければなりませんが、輸出の場合は、保税地域の搬入前に輸出申告を行うことができます。誤り。

4. 関税の税率、関税を課する場合における課税標準及び関税の減免その他関税制度について定めている法律は、関税定率法です。正しい。

5. 保税工場で保税作業によりできた製品は、外国貨物です。外国貨物を外国に向けて送り出す行為は、積みもどしに該当します。正しい。

6. 保税展示場の許可期間満了の際に、当該保税展示場に外国貨物があり、関税が徴収されることとなった場合には、保税展示場の許可を受けた者が納税義務を負います。正しい。

7. 保税蔵置場にある外国貨物が、災害その他やむを得ない事情により亡失した場合には、当該外国貨物の関税は、徴収されません。誤り。

8. 関税の確定方式の原則は、納税義務者の申告により税額が確定する申告納税方式により、例外的に専ら税関長が税額を確定する賦課課税方式により税額が確定します。誤り。

9. 関税の税率の種類のうち、国定税率とは、基本税率、特恵税率、暫定税率をいいます。正しい。

10. 課税価格の算出にあたって、現実支払価格に、輸入貨物が輸入港に到着するまでの運賃、保険料その他の運送関連費用が含まれていない場合には、それらを加算して課税価格を求める必要があります。正しい。

11. 総合保税地域に総保入承認がされた場合に、外国貨物を置くことができる期間は、当該承認の日から1年ではなく、2年です。誤り。

12. 税関長は、輸入してはならない貨物である大麻を発見したときは、没収、廃棄をすることができます。正しい。

13. 輸出貿易管理令でリスト規制されている貨物以外でもキャッチオール規制により経済産業大臣の輸出許可が必要になることがあります。誤り。

14. 回路配置利用権侵害物品は、輸入してはならない貨物ですが、輸出してはならない貨物には含まれません。誤り。

15. ベルギー（WTO加盟国）・ブリュッセルから輸入する場合で、基本税率3%、協定税率5%、特恵税率Freeであった場合、ベルギーは、特恵受益国ではない為、特恵税率は適

用されません。また、WTO加盟国であるので、国定税率より協定税率が低い場合は、協定税率が適用されます。今回の場合、国定税率である基本税率のほうが低いので、基本税率である3％が適用されます。誤り。

16. 輸入許可前貨物の引取りの承認申請は、輸入申告を行った後に行います。正しい。

17. 特別特恵受益国とは、特恵受益国等のうち国連総会の決議で後発開発途上国（LDC）とされている国で、特別の便益を与えることが適当であるものとして政令で定める国をいいます。設問は特恵受益国に関しての説明です。誤り。

18. 学術研究用品については輸入許可の日から原則として1年以内に輸出されることを条件に関税が免除されます。ただし、当該用途以外の用途に供された場合においては、免除された関税が、直ちに徴収されます。誤り。

19. 相殺関税を課すには、外国において生産又は輸出について直接又は間接に補助金の交付を受けた貨物の輸入が、当該補助金の交付を受けた輸入貨物と同種の貨物を生産している本邦の産業に実質的な損害を与える事実がある場合で、当該本邦の産業を保護するため必要があると認められる必要があります。誤り。

20. 輸入申告書に記載する単位で「CM」は、立法メートル（Cubic Meters）の意味です。正しい。

【問題2／選択式】 各2.25点×20題 45点（20分）

①B	②B	③A	④A	⑤A	⑥A	⑦A	⑧B	⑨B	⑩B
⑪A	⑫B	⑬B	⑭A	⑮A	⑯B	⑰B	⑱B	⑲A	⑳A

① 公海で外国の船舶により採捕された水産物は、外国貨物です。
　水産物に関して、関税法上、外国貨物とは、外国の船舶により公海で採捕された水産物で輸入が許可される前のものと規定されています。したがって、公海上では、外国の船舶が採捕した水産物は、外国貨物として取り扱われます。B

② 輸入許可前に貨物を引き取ろうとする者は、関税額に相当する担保を提供して税関長の承認を受けなければなりません。B

③ 保税運送の承認を受ける方法には、個別に承認を受ける方法（個別承認）と1年以内で税関長が指定する期間内に発送される貨物に対して一括して承認を受ける方法（包括承認）があります。A

④ 海路による保税運送をICT（Inter Coast Transport）、陸路による保税運送をOLT（Over Land Transport）といいます。また、空路による保税運送をACT（Air Craft Transport）と呼んでいます。A

⑤ 他法令により輸入に関し許可や承認などが必要な貨物は、輸入申告の際に許可や承認などを受けていることを税関に証明する必要があります。A

⑥ 特例申告を行うことができるのは、特例輸入者です。このほか、特例委託輸入者も行うことができます。A

⑦ 関税を過大に申告したときに、その納税申告をした者は、更正の請求を行うことができます。A

271

⑧ 公安又は風俗を害すべき書籍は、輸入してはならない貨物に該当します。輸入されよう とする貨物が公安又は風俗を害すべき書籍に該当すると認めるに相当の理由があるとき は、当該貨物を輸入しようとする者に対してその旨の通知を税関長は行います。B

⑨ 二国間EPA税率と多国間EPA税率は、それぞれ別個の条約に基づいた税率ですが、両 者は並存し、当該並存している締約国より輸入をしようとする際に、いずれを選ぶかは 輸入申告者の裁量に委ねられます。B
例えば、二国間EPAであるタイ協定の税率と多国間EPAであるアセアン包括協定の税 率は、別個の条約に基づいた税率なので両者は並存します。並存したEPA締約国より 輸入をする際には、いずれを選ぶかは、輸入者の裁量に委ねられますが、適用を受けよ うとするEPA用の原産地証明書等を提出することが必要です。

⑩ 実行関税率表に課税価格が1個につき6,000円を超えるものの税率が20%、その他の ものの税率が10%とある場合、課税価格が1個6,000円となる貨物の税率は、10%で す。B

⑪ 中国及び韓国が締約国に含まれている多国間の経済連携協定である通称RCEPは、日 本語では、地域的な包括的経済連携協定です。
「環太平洋パートナーシップに関する包括的及び先進的な協定」はCPTPP（TPP11協 定）の日本語での呼称です。A

⑫ 特例輸入者は、全国いずれかの税関長に対して輸入申告を行うことができます。B

⑬ 外国為替及び外国貿易法及び輸入貿易管理令で規定する輸入割当品目（IQ品目）に該当 する貨物を輸入する場合、経済産業大臣の輸入割当てを受け、かつ経済産業大臣の輸入 承認を受けなければなりません。B

⑭ 税関への事前教示の求めは、申告納税方式が適用される貨物の輸入申告について行うこ とできます。A

⑮ 免税コンテナーは、その再輸出期間内であれば、国内の貨物運送に何回でも使用するこ とができます。A

⑯ 関税の法定納期限は、原則として輸入許可の日です。B

⑰ 国際博覧会への参加国が発行した当該博覧会のための公式ポスターの輸入については、 無条件免税が適用されます。B

⑱ 千葉県市川市を管轄する税関は、東京税関です。B
千葉県は大部分が横浜税関の管轄ですが、2003年まで千葉県市川市の原木には東京エ アカーゴシティターミナル（通称TACT）が所在し、同所で通関が行われていました。 その名残から現在も東京航空貨物出張所が置かれており、同地は東京税関の管轄になっ ています。

⑲ 通関士の義務とされるものは、名義貸しの禁止、信用失墜行為の禁止、秘密を守る義務 があります。なお、料金掲示の義務は通関業者の義務です。A

⑳ 食品衛生法の規定に基づく食品等の輸入届出手続きは、通関業者が行うことができる関 連業務です。A

【問題3／語群選択式】　各3点×10題　30点（10分）

①l	②p	③n	④q	⑤d	⑥s	⑦h	⑧i	⑨e	⑩b

1. 関税率表の解釈に関する通則2（a）には、各項に記載するいずれかの物品には、（①l　未完成）の物品で、（②p　完成）した物品としての（③n　重要な特性）を提示の際に有するものを含むものとし、また、（②p　完成）した物品（この2の原則により（②p　完成）したものとみなす（①l　未完成）の物品を含む。）で、提示の際に組み立ててないもの及び分解してあるものを含むと規定されている。

   例えば、サドルのない自転車であっても、提示の際、自転車として使われることが一目瞭然（②p　完成）した物品としての（③n　重要な特性）を有している）であれば、（④q　自転車）として分類される。

2. 下記のインボイスと輸出統計品目表は、table knives, made of base metal clad with silver を輸出する場合のインボイス及び関係する輸出統計品目表の抜すいである。これをみると当該貨物の原産地は、（⑤d　日本）であることがわかる。また、NACCSで輸出申告する場合、輸出統計品目表から分類した品目番号である、（⑥s　7114200004）をNACCSに打ち込む。

   また、今回CIF条件で輸出することになっているが、インボイスの金額には、次の費用が含まれており、当該CIF条件の価格にそれらの費用等が占める割合は次のとおり。

   ・・

ア	工場から東京港までの運送運賃	4%
イ	東京港における船積費用	5%
ウ	東京港からニューヨーク港までの運送費用	7%
エ	東京港からニューヨーク港までの海上保険料	5%

   ・・

   この場合、輸出申告価格の計算を行うにあたり（⑦h　ウ，エの費用）を控除する。

   ところで、輸出申告日の前週の実勢外国為替相場の平均値が、1米ドルあたり108円であり、前々週の平均値は、110円である場合、輸出申告価格は、（⑧i　290,400）円である。

（解説）

原産地は、インボイスのCountry of Originの欄をみるとJAPANとあるところから「日本」とわかります。

また、輸出貨物は、卑金属に銀を張った（clad）テーブルナイフです。そこで、輸出統計品目表を見ると、注4（A）に「「貴金属」とは銀、金及び白金をいう。」との記載があるので、銀は貴金属となります。そして、注10に「第71.14項において細工品には、…食卓用品、…を含む。」との記載があるので、食卓用品であるテーブルナイフは、第71.14項の「細工品…（貴金属製又は貴金属を張った金属製のものに限る。）」に分類されます。第71.14項は、「－貴金属製のもの…」、「－貴金属を張った卑金属製のもの」に分かれますが、卑金属に貴金属である銀を張ったテーブルナイフですから、「－貴金属を張った卑金属製のもの」（7114.20-000-4）に分類されます。なお、8215.91-000-6に分類される食卓用具は、貴

金属をめっきした (plated) 卑金属製のものとなりますので、設問の卑金属に銀を張った
テーブルナイフは該当しません。
3. 原産地を証明する方法は、(⑨e商工会議所) などの第三者機関が証明する方法 (原産地証
明書の交付)、輸出入の当事者が証明する方法があるが、第三者機関が交付する原産地証
明書による方法は、協定税率の適用を受ける場合や特恵関税の適用を受ける場合、一部の
EPA協定の適用を受ける場合などに利用されている。一方、輸出入の当事者が証明する
方法は、一部のEPA協定の場合に規定されている。これには、(⑩b 認定輸出者) が原産
品であることを自ら証明する方法と生産者又は輸出者や輸入者が自ら原産性を満たして
いることを税関に申告する方法がある。

【問題4／三答択一式】 各3点×15題 45点 (15分)

1. C	2. B	3. B	4. B	5. B	6. B	7. B	8. A
9. C	10. B	11. A	12. A	13. A	14. B	15. B	

1. 正解：C
輸入貨物に係る輸入取引に関し特別な事情がある場合、例えば、買手による輸入貨物の
処分又は使用についての制限がある場合には、課税価格の決定の原則が適用できません。
また、輸入貨物が輸入取引によらない場合、例えば、賃貸借契約に基づき輸入される貨物
は、課税価格の決定の原則によって課税価格を求めることはできません。
2. 正解：B
CPTPP (TPP11協定) に加盟している国、日本の他、オーストラリア、カナダ、シンガ
ポール、チリ、ブルネイ、ベトナム、ペルー、マレーシア、メキシコ、ニュージーランドの
11か国です。アメリカ、ロシアは、締約国ではありません。
3. 正解：B
単位「TH」は、「千」の単位を表すものである。
4. 正解：B
買付代理人に支払う輸入貨物の買付の手数料 (買付手数料) は、課税価格には、含めません。
5. 正解：B
買手が自己のために行った検査に要した費用は、課税価格に含まれません。また、輸入製
品そのもののデザインで本邦においてデザインされたもののデザイン料は、課税価格に
算入しませんが、外国においてデザインされたもののデザイン料は課税価格に算入しま
す。
一方、輸入貨物に係る輸入取引が延払条件付取引である場合における額が明らかな延払
金利は課税価格に算入しません。
6. 正解：B
HSコードはWCO (世界関税機構) によって定められた関税分類番号であり、世界で使
用されています。
7. 正解：B
設問中で経済連携協定 (EPA) に基づく特恵関税原産地証明書等を発行している第三者

機関は、日本商工会議所です。

8. 正解：A

無申告加算税、不当廉売関税は、賦課課税方式により税額が確定します。延滞税は、関税法の規定により延滞が生じると自動的に延滞税額が確定します。

9. 正解：C

こっとう品は、第97類に、また羊毛の織物は、第51類に分類されます。

10. 正解：B

生きている動物は、第1類に分類され、冷凍した牛肉は第2類に分類されます。

11. 正解：A

時計ケースについては、当該ケースが重要な特性を全体に与えているものである場合、時計とは切り離し、ケース自体として分類します。また、Cは、ハンバーガーとして分類します。

12. 正解：A

輸出される貨物の価格が無償の場合は、当該貨物が有償で輸出されたものとした場合の本邦における本船甲板渡し価格（FOB価格）を輸出申告価格とします。

13. 正解：A

輸出者が本邦に到着するまでの海上保険を付保し、当該保険料を負担している場合で、さらに輸入者が海上保険を別途付保し海上保険料を負担している場合には、その海上保険料は、課税価格に算入します。次に神戸港に到着した後に発生するターミナルハンドリングチャージ、国内運送費は課税価格に算入しません。

したがって、3,000,000円＋400,000円＝3,400,000円が輸入申告価格になります。

14. 正解：B

Aは相殺関税の説明です。不当廉売関税は、正常価格より低い価格で本邦に輸入され、その結果、貨物の輸入が本邦の産業に実質的な損害を与え、若しくは与えるおそれがあり、又は、本邦の産業の確立を実質的に妨げる事実があること、かつ本邦の産業を保護するため必要があると認められることが必要です。正常価格より低い価格で本邦に輸入されるだけでは、賦課されません。

15. 正解：B

事前教示制度は、実際に輸入される予定の具体的な貨物について行われるものであり、架空の貨物については、その対象とはされず、また、輸入申告中の貨物もその対象とはされていません。また、インターネットによる電子メールを利用して事前照会を行うことができます。

【問題1／正誤（○×）式】　各1点×20題　20点（15分）

1. ×	2. ○	3. ○	4. ○	5. ○	6. ×	7. ×	8. ×
9. ×	10. ×	11. ×	12. ○	13. ×	14. ×	15. ○	16. ○
17. ×	18. ○	19. ×	20. ○				

1. 通関業を営もうとする者は、財務大臣の許可を受ける必要があります。誤り。

2. 流通の役割は、品揃え形成活動を通じて生産と消費を媒介して橋渡しをすることにあります。正しい。

3. グローバルSCMは、距離的に離れている世界各地の拠点同士を情報ネットワークで結び付け、SCMを効率化させようとする考え方である。正しい。

4. 物流機能の一つである荷役とは、物資の積卸し、運搬、積み付け、ピッキング、仕分け、荷揃え等の作業のことです。正しい。

5. 航空貨航空輸送は、航空機専用のコンテナやULDと呼ばれるパレットに貨物を積み、ワイドボディー型旅客機の下部貨物室（Lower Deck）や貨物専用機（Cargo Freighter）に搭載して行われます。正しい。

6. 冷凍輸送等のため、貨物の温度を一定に保つことができるコンテナは、「リーファー・コンテナ」といいます。「ドライ・コンテナ」は最も一般的なコンテナで、材質は鉄鋼製やアルミ軽合金製のものがあります。誤り。

7. 中国最大の港と呼ばれる上海港は、上海市に位置しますが、上海市は直轄市ですので、省には属しません。なお、隣接する省は江蘇省、浙江省です。誤り。

8. パナマ運河は、パナマ共和国のパナマ地峡を開削して造られたもので、太平洋と大西洋を結んでいる。現在は、パナマ共和国のパナマ運河庁が管理しています。誤り。

9. ULCC（Ultra Large Crude Carrier）では大きすぎ、マラッカ海峡を航行できないため、VLCC（Very Large Crude Carrier）以下の石油タンカーである必要があります。誤り。

10. 通常、コンテナ船には、貨物を積卸しするクレーンは、装備されていません。岸壁に備え付けられているガントリークレーンを使い貨物の積み下ろしを行います。誤り。

11. コンテナ一本を満たさない小口貨物はFCL貨物ではなく、LCL貨物と呼ばれ、輸出の際はCFSでコンテナに他の荷主の貨物と混載されてから、CYを経由し、本船に船積みされます。誤り。

12. ケープ半島周辺の海域は「吠える40度」と呼ばれる海域です。南緯40度以南の海域には、風を遮る陸塊がほとんどなく、常に強風が吹いています。海難事故が多い場所として知られていましたが、現在は、船舶技術の発展により大きく減少しています。正しい。

13. 令和2年度におけるカニの輸入相手国第1位は、ロシアでした。誤り。

14. 令和2年度における日本における原油の輸入の最大の相手国は、1位がサウジアラビア、2位がアラブ首長国連邦、3位がカタール、4位がクエート、5位がロシアでした。誤り。

15. IATA（国際航空運送協会）により定められている空港コードで、FRAはフランクフルト国際空港、MUCはミュンヘン国際空港です。正しい。
16. IATA（国際航空運送協会）により定められている空港コードで、PEKは北京首都国際空港、SHAは上海虹橋国際空港です。正しい。
17. オーストラリアの首都は、シドニーではなくキャンベラ（Canberra）です。誤り。
18. 香港の国名コードとIATA（国際航空運送協会）により定められている香港国際空港の空港コードは、いずれも同じでHKGです。正しい。
19. 東南アジアにおける大メコン経済回廊の東西経済回廊は、ミャンマー・モーラミャインからタイ、ラオスを経由しベトナム・ダナンまで至る回廊です。誤り。
20. 通関業法上、通関業者には、通関士に一定の書類を審査させ、記名させる義務があります。正しい。

【問題2／三答択一式】　各2点×10題　20点（15分）

| 1. C | 2. A | 3. B | 4. B | 5. A | 6. B | 7. C | 8. C | 9. C | 10. B |

1. 正解：C
   EXWは、輸出地の工場（売主の指定場所）で貨物を引き渡す条件です。FOBは、輸出港における本船渡し条件です。また、DDPは、関税込持込み渡し条件です。従ってDDPが、貿易条件からみて輸出者Xにとって、最も費用負担が大きくなります。
2. 正解：A
   モントリオール議定書とは、オゾン層破壊物質である特定フロン・ハロン等の物質の排出を段階的になくし、他の物質に代替することで、オゾン層を保護するための国際的な取決めであるウィーン条約にもとづき採択されたものです。また、バーゼル条約は、有害廃棄物の国境を越える移動及びその処分の規制に関する条約です。
3. 正解：B
   コンテナ船への船積みの申し込みにはDock Receiptを使います。Shipping Applicationを使うのは在来船への船積みの場合です。
   また、FCL貨物の場合、CLPを作成するのは、コンテナに貨物を詰めた輸出者（もしくはその委託者）です。
4. 正解：B
   ベトナムは、夏時間（DST）を採用していません。常時、時差は、日本の2時間遅れです。
5. 正解：A
   航空貨物の運賃の計算の基礎となる容積重量は、6,000立方センチメートルを1Kgとして計算します。また、運賃は、原則として出発地の通貨で表示されます。
6. 正解：B
   信用状は、輸出国の通知銀行を経由して輸出者に交付されます。
   この通知銀行で信用状の真偽を審査します。また、信用状取引におけるBeneficiaryは、輸出者です。

7. 正解：C
A) モーリタニア・イスラム共和国は、アフリカ大陸北西部にある沿岸国です。日本に多くタコを輸出しています。
B) モザンビーク共和国はアフリカ東南の沿岸国です。
C) レソト王国は、1966年にイギリス連邦から独立した、周囲を南アフリカ共和国領土に囲まれた内陸国です。

8. 正解：C
東莞 (Dongguan) は、広東省 (Guangdong) に位置します。また、天津 (Tianjin) は、北京市、河北省に隣接する直轄市です。
また、重慶 (Chongqing) は、四川省、湖北省等と隣接する直轄市である。

9. 正解：C
ベトナムの通貨単位は、VND（ベトナムドン）です。MYRは、マレーシアリンギットのことです。

10. 正解：B
イランはOPECには加盟しているが、アラブ人の国ではないため、OAPECには加盟していません。

【問題3／三答択一式】 各2点×5題　10点（20分）

> 1. ①C　　②A
> 2. ①248,700　　②470,500　　③132,700

（解説）

1. ①課税価格の計算
控除する費用二 (5%) ＋ホ (5%) ＝10%
US$6,000.00 ×（100%-10%）＝US$5,400.00……①
※イ・ロ・ハは、すべて課税価格に算入される費用ですので、控除はしないでそのまま計算します。

本邦通貨への換算
輸出申告年月日が令和○年10月14日なので、その日の属する週の前々週における週間平均値「108円」が適用されます。
①×108円＝583,200円 (C)

②品目番号
幼児用のコットン製の手袋は、第61.11項を見ます。該当するのは、6111.20-150-4 (A) に分類されます。

2. 貨物Xは「飲食料品」に該当しないため、消費税・地方消費税の算出にあたっては、標準税率を適用することになります。

①納付すべき関税額
5,785,000円（千円未満切捨て）×4.3%＝248,755円→248,700円（百円未満切捨て）

②納付すべき消費税額
5,785,200円＋248,700円（百円未満切捨て）＝6,033,900円
6,033,000円（千円未満切捨て）×7.8%＝470,574円→470,500円（百円未満切捨て）

③納付すべき地方消費税額
470,500円（百円未満切捨て）×22/78＝132,705円（小数点以下切捨て）→132,700円（百円未満切捨て）

●編者紹介
日本貿易実務検定協会®

1997年（平成9年）に設立。1998年（平成10年）3月から
貿易実務検定を実施している。これまでの受験者数は、約25
万人。
また、TPP11（CPTTP）、日米貿易協定、RCEP等のメガ
EPA時代が到来することからEPAビジネス実務検定®を
2020年から実施している。そして、2021年12月より通関
ビジネス実務検定™を創設。運営は、株式会社マウンハーフ
ジャパンが行っている。

日本貿易実務協会所在地
〒163-0825　東京都新宿区西新宿2-4-1新宿NSビル25階

●カバーデザイン
一柳茂（クリエーターズユニオン）
●イラスト
中川浩
●校閲
塚田貴司

公式ガイド 通関ビジネス実務検定™ 要点整理&練習問題

発行日	2021年 9月25日	第1版第1刷

編　者　**日本貿易実務検定協会®**

発行者　斉藤　和邦
発行所　**株式会社　秀和システム**
　　　　〒135-0016
　　　　東京都江東区東陽2-4-2　新宮ビル2F
　　　　Tel 03-6264-3105（販売）Fax 03-6264-3094
印刷所　**三松堂印刷株式会社**　　　　Printed in Japan

ISBN978-4-7980-6515-1 C3032